Eins, zwei, drei – Sprachspielerei

Spiele, Lieder, Reime zur Sprachförderung

Ravensburger Buchverlag

Liebe Eltern,

die Sprachbeherrschung ist ein äußerst wichtiger Baustein in der Entwicklung eines Kindes und legt die Basis für den schulischen Erfolg. Gerade im Vorschulalter sind Kinder besonders neugierig, wissbegierig und offen für spielerisches Lernen. Es macht ihnen Spaß, mit Sprache zu spielen und zu experimentieren. Mit Freude und Eifer machen sie bei Sprachspielen, Reimen und Fingerspielen mit und verbessern dabei ganz spielerisch ihre Sprachfertigkeiten.

Je mehr Förderung und Anreize Kinder in dieser besonders wichtigen Phase des Spracherwerbs erfahren, desto schneller und besser bildet sich ihre Sprachgewandtheit aus. Und je besser diese Kompetenz bei einem Kind ausgebildet ist, desto leichter fällt es ihm, Gelesenes und Gehörtes zu verstehen, in eigene Worte zu fassen, darüber nachzudenken und zu eigenen Schlüssen zu kommen.

Vorschulkinder in der Sprachbeherrschung zu unterstützen bedeutet, offene Türen einzurennen. Neues auszuprobieren und Herausforderungen zu meistern ist für sie ein natürliches Bedürfnis und ein wahres Vergnügen. Nutzen Sie diese Begeisterungsfähigkeit, denn Sprachkompetenz ist die wichtigste Grundlage für das Lernen.

Viel Vergnügen beim Reimen, Rätseln und Singen.

Inhalt

Komm und mach mit!

Fingerspiele, Spiellieder und Handklatschspiele

Reime und rhythmische Bewegungsspiele stehen schon bei den Kleinsten hoch im Kurs. Klatschen, hüpfen und mit einfachen Gesten eine Geschichte zu erleben, das kommt dem Bewegungsdrang der Kinder entgegen und macht ihnen Spaß. Spielerisch wird dabei die Aussprache verbessert und es werden grundlegende Sprachstrukturen vermittelt. Daneben werden das Gedächtnis und die Motorik trainiert.

Fünf Männlein

Fünf Männlein sind in den Wald gegangen,
die wollten den Osterhasen fangen.
Das erste, das war so dick wie ein Fass,
das brummte immer „Wo ist der Has?“
Das zweite rief: „Sieh da, sieh da!
Da ist er ja, da ist er ja!“
Das dritte war das allerlängste,
doch leider auch das allerbängste,
das fing gleich an zu weinen:
„Ich sehe keinen, ich sehe keinen!“
Das vierte sagte: „Das ist mir zu dumm,
ich mach nicht mehr mit, ich kehr wieder um!“
Das kleinste aber, das hat's geschafft,
das hat den Hasen nach Hause gebracht.
Da haben alle Leute gelacht.

Zuerst kommen alle fünf Finger einer Hand angetrippelt, mit der anderen Hand wird durch ausgestreckten Zeige- und Mittelfinger ein Hase nachgeahmt. Bei den folgenden Versen werden nacheinander die fünf Finger einer Hand gestreckt. Zum Schluss umgreift der kleine Finger die zwei zu Hasenohren aufgestellten Finger der anderen Hand.

Der Daumen Knudeldick

Das ist der Daumen Knudeldick,
das sieht man auf den ersten Blick.
Und macht das Kind ein Fäustchen,
kriecht Knudeldick ins Häuschen.

Der Zeigefinger, der ist klug,
der droht, wenn jemand Böses tut.
Bringt unser Kind zum Lachen
beim Kille-kille-Machen.

Der Dritte ist der Größte hier,
viel länger als die andern vier.
Da kann er schön bewachen,
was seine Brüder machen.

Der Vierte ist ein eitles Ding,
der trägt am liebsten einen Ring.
Und schmückt er sich zum Feste,
denkt er, er wär der Beste.

Von allen Fingern kommt zum Schluss
der winzig kleine Pfiffikus.
Der wedelt mit dem Schwänzchen
beim frohen Fingertänzchen.

Die Finger einer Hand werden nacheinander vorgestellt: Den Daumen hochrecken und dann in der Faust verschwinden lassen. Mit dem Zeigefinger drohen und ihn dann ein paarmal krümmen und strecken. Den Mittelfinger hochstrecken und drehen. Über den Ringfinger pantomimisch einen Ring streifen. Mit dem kleinen Finger wackeln. Zum Schluss alle Finger ausstrecken und zappeln lassen.

Das ist der Daumen

Das ist der Daumen,
der schüttelt die Pflaumen,
der hebt sie auf,
der trägt sie nach Haus
und der Kleine isst sie alle, alle auf.

Gewitter

Es tröpfelt
Es tröpfelt …
Es regnet …
Es gießt …
Es hagelt …
Es blitzt …
Es donnert …
Alle Leute laufen schnell nach Haus.

Die Finger klopfen erst sacht, dann immer stärker auf den Tisch. Beim Hageln klopfen die Knöchel auf den Tisch, beim Blitz zuckt die Hand durch die Luft und beim Donnern trommeln die Fäuste auf den Tisch. Zum Schluss laufen alle Finger schnell vom Tisch hinter den Rücken.

Regen, Regen, tropf, tropf, tropf

Regen, Regen, tropf, tropf, tropf,
fall auf meinen Kopf, Kopf, Kopf,
fall auf meine Hand, Hand, Hand,
fall aufs ganze Land, Land, Land.
Regen, Regen.

Beim ersten Vers im Takt mit den Fingern auf die Oberschenkel klopfen, beim zweiten leicht auf den Kopf trommeln. Beim dritten Vers klopfen die Finger der einen Hand auf den Handrücken der anderen. Beim vierten Vers beide Hände nach oben strecken und dann die Finger langsam von oben nach unten „regnen" lassen. Zum Schluss mit beiden Händen ganz langsam im Rhythmus der Silben klopfen.

Heinzelzwerg und Zappelwicht

Heinzelzwerg und Zappelwicht
kochen sich ihr Leibgericht.
Und die beiden, seht ihr nicht?
Sind auch gar nicht dumm,
rühren fleißig um.
Im Handumdrehen, eins, zwei, drei,
ist gemacht der süße Brei.
Dann kommt er in die Tellerlein
und schmeckt den beiden gut und fein!

Die beiden Zeigefinger stellen sich als Heinzelzwerg und Zappelwicht vor. Dann wird der Daumen der einen Hand gepackt und im Kreis geführt. Anschließend mit den Fingern abzählen, Hände zum Teller formen und zum Schluss eine Hand auf dem Bauch kreisen lassen.

Häuslebauer

Fünfe wollen fleißig sein,
bauen sich ein Haus aus Stein.
Der eine trägt die Steine,
der andere siebt den Sand,
der Dritte setzt die Ziegel
und baut daraus die Wand.
Der Vierte setzt das Dach auf
und macht zum Schluss den Putz.
Da fängt es an zu regnen,
das Haus, das bietet Schutz.
Der Kleinste war der Lehrling
und schaut den anderen zu.
Jetzt weiß er alles besser;
das ging ja wie im Nu.

Die fünf Finger einer Hand werden abgespreizt und bilden danach mit der anderen Hand eine Hausform. Anschließend werden die verschiedenen Tätigkeiten dargestellt: Steine tragen, Sand sieben, Mauern Stein für Stein aufeinanderstellen, Dach aufsetzen, Putz kreisförmig auftragen. Regentropfen fallen und alle Finger flüchten sich in die andere Hand. Zum Schluss wird der kleine Finger hochgestreckt.

In unserem Häuschen

In unserem Häuschen
gibt's sehr viele Mäuschen.
Sie kribbeln und krabbeln,
sie zippeln und zappeln.
Sie gehen auf den Tisch,
auf Stühle,
auf Bänke
und in die Schränke.
Doch willst du sie fangen,
springen sie flink von dannen.

Zu Beginn mit beiden Händen ein Häuschen bilden. Bei „kribbeln und krabbeln", „zippeln und zappeln" alle Finger in der Luft zappeln lassen. Bei den folgenden Versen „Tisch", „Stühle", „Bänke" und „Schränke" jeweils mit den Händen darstellen. Bei „willst du sie fangen" beide Hände vorschnellen lassen, um Zupacken anzudeuten, und bei der letzten Zeile die Hände schnell hinter dem Rücken verstecken.

Mein Häuschen ist nicht ganz grade

Mein Häuschen ist nicht ganz grade,
ist das aber schade!
Mein Häuschen ist ein bisschen krumm,
ist das aber dumm!
Huu – bläst der Wind herein,
bautz – fällt das ganze Häuschen ein!
1, 2, 3, schaut nur, schaut!
Jetzt ist es wieder aufgebaut!

Mit beiden Händen ein spitzes Dach bilden, wobei die Fingerspitzen den Dachfirst bilden. Das Dach wird nun wie im Text beschrieben bewegt: Zunächst wird es nach links und dann nach rechts geneigt. Bei der vierten Zeile wird das Finger-Haus angeblasen, dann fällt es mit einem Händeklatschen zusammen. Zum Schluss wird das Haus wieder aufgebaut, indem die Finger wieder aneinandergelegt werden.

Meine Fingerlein sollen Tiere sein

Alle meine Fingerlein
sollen einmal Tiere sein.
Dieser Daumen, dick und rund,
ist der große Schäferhund.

Zeigefinger – stolzes Pferd,
von dem Ritter wohl geehrt.
Mittelfinger – bunte Kuh,
die macht immer muh, muh, muh.

Ringfinger ist der Ziegenbock
mit dem langen Zottelrock.
Und das kleine Fingerlein
soll einmal ein Schäfchen sein.

Alle Tierlein laufen hopp, hopp,
laufen im Galopp, Galopp,
laufen in den Stall hinein,
denn es wird bald Abend sein.

Alle Tierlein schlafen ein,
träumen von dem Sonnenschein.
Kikeriki! Kikeriki! Alle Tierlein wachen auf
und beginnen ihren Lauf.
Trip – trap – trap und Trip – trap – trap.

Zu Beginn mit allen Fingern einer Hand in der Luft wackeln. Bei der Aufzählung der Tiere werden die genannten Finger nacheinander ausgestreckt und mit dem Zeigefinger der anderen Hand angetippt. Ab „Alle, Tierlein" wandern die Finger den Arm hinauf und werden unter der Achselhöhle versteckt, bis sie nach dem zweiten „Kikeriki!" wieder hervorgetrippelt kommen.

Wozu sind unsere Hände da

1. Wozu sind unsre Hände da,
Hände da, Hände da,
wozu sind unsre Hände da,
Hände da?
Die Hände sind zum Klatschen da,
Klatschen da, Klatschen da,
die Hände sind zum Klatschen da,
Klatschen da!

2. Wozu ist unser Kopf denn da,
Kopf denn da, Kopf denn da,
wozu ist unser Kopf denn da,
Kopf denn da?
Der Kopf, der ist zum Nicken da,
Nicken da, Nicken da,
der Kopf, der ist zum Nicken da,
Nicken da.

3. Wozu sind unsre Ohren da …
Die Ohren sind zum Hören da …

4. Wozu ist unser Mund denn da …
Der Mund, der ist zum Singen da …

5. Wozu ist unser Hals denn da …
Der Hals, der ist zum Wackeln da …

6. Wozu sind unsre Füße da …
Die Füße sind zum Tanzen da …

Es tanzt ein Bi-Ba-Butzemann

1. Es tanzt ein Bi-Ba-Butzemann
in unserm Haus herum, widibum.
Er rüttelt sich, er schüttelt sich,
er wirft sein Säcklein hinter sich.
Es tanzt ein Bi-Ba-Butzemann
in unserm Haus herum.

In einen Beutel einen Apfel geben und leicht verschnüren. Dann mit dem Kind zum Text tanzen, den Sack schütteln und am Ende den Apfel aus dem Sack holen und aufessen.

2. Es tanzt ein Bi-Ba-Butzemann
in unserm Haus herum, widibum.
Er wirft sein Säcklein her und hin,
was ist wohl in dem Säcklein drin?
Es tanzt ein Bi-Ba-Butzemann
in unserm Haus herum.

3. Es tanzt ein Bi-Ba-Butzemann
in unserm Haus herum, widibum.
Er bringt zur Nacht dem guten Kind
die Äpfel, die im Säcklein sind.
Es tanzt ein Bi-Ba-Butzemann
in unserm Haus herum.

Wer will fleißige Handwerker sehn

Refrain:
Wer will fleißige Handwerker sehn,
der muss zu uns Kindern gehen.

1. Stein auf Stein, Stein auf Stein,
das Häuschen wird bald fertig sein.

Refrain: Wer will …

2. Oh wie fein, oh wie fein,
der Glaser setzt die Scheiben ein.

Refrain: Wer will …

3. Tauchet ein, tauchet ein,
der Maler streicht die Wände fein.

Refrain: Wer will …

4. Zisch, zisch, zisch, zisch, zisch, zisch,
der Schreiner hobelt glatt den Tisch.

Refrain: Wer will …

5. Poch, poch, poch, poch, poch, poch,
der Schuster schustert zu das Loch.

Refrain: Wer will …

6. Stich, stich, stich, stich, stich, stich,
der Schneider näht ein Kleid für mich.

Refrain: Wer will …

7. Tripp, trapp, drein, tripp, trapp, drein,
jetzt gehen wir von der Arbeit heim.

Refrain: Wer will …

8. Hopp, hopp, hopp, hopp, hopp, hopp,
jetzt tanzen alle im Galopp.

Mit dem Kind gemeinsam alle Bewegungen der Handwerker möglichst übertrieben nachspielen.

Auf der Mauer, auf der Lauer

1. Auf der Mauer, auf der Lauer
sitzt 'ne kleine Wanze.
Seht euch nur die Wanze an,
wie die Wanze tanzen kann!
Auf der Mauer, auf der Lauer
sitzt 'ne kleine Wanze.

Bei den folgenden Strophen wird bei „Wanze“ und „tanzen“ jeweils ein Buchstabe weggelassen, bis die Wörter ganz wegfallen.

2. Auf der Mauer, auf der Lauer
sitzt 'ne kleine Wanz.
Seht euch nur die Wanz an,
wie die Wanz tanz kann!

3. Auf der Mauer, auf der Lauer
sitzt 'ne kleine Wan.
Seht euch nur die Wan an,
wie die Wan tan kann!

4. Auf der Mauer, auf der Lauer
sitzt 'ne kleine Wa.
Seht euch nur die Wa an,
wie die Wa ta kann!

5. Auf der Mauer, auf der Lauer
sitzt 'ne kleine W.
Seht euch nur die W an,
wie die W t kann!

6. Auf der Mauer, auf der Lauer
sitzt 'ne kleine –.
Seht euch nur die – an,
wie die – – kann!

Aus dunklen Wollfäden kleine Kugeln drehen. Das sind die Wanzen. Nun die Wanzen im Rhythmus zum Lied auf der Stuhlkante hin und her tanzen lassen.

Ri, ra, rutsch

Alle, die mitmachen, setzen sich umgekehrt auf einen Stuhl. Bei der ersten Strophe „reitet" man, bei der zweiten Strophe rutscht man auf dem Stuhl und bei der dritten Strophe geht man um den Stuhl herum.

1. Ri, ra, rutsch,
wir fahren mit der Kutsch.
Wir fahren mit der Schneckenpost,
wo es keinen Pfennig kost.
Ri, ra, rutsch,
wir fahren mit der Kutsch.

2. Ri, ra, rittn,
wir fahren mit dem Schlitten.
Wir fahren übern tiefen See,
da bricht der Schlitten ein, oh weh!
Ri, ra, rittn,
wir fahren mit dem Schlitten.

3. Ri, ra, ruß,
jetzt gehn wir fein zu Fuß.
Da bricht uns keine Kutsche ein,
da bricht uns auch kein Schlitten ein.
Ri, ra, ruß,
jetzt gehn wir fein zu Fuß.

Brüderchen, komm tanz mit mir

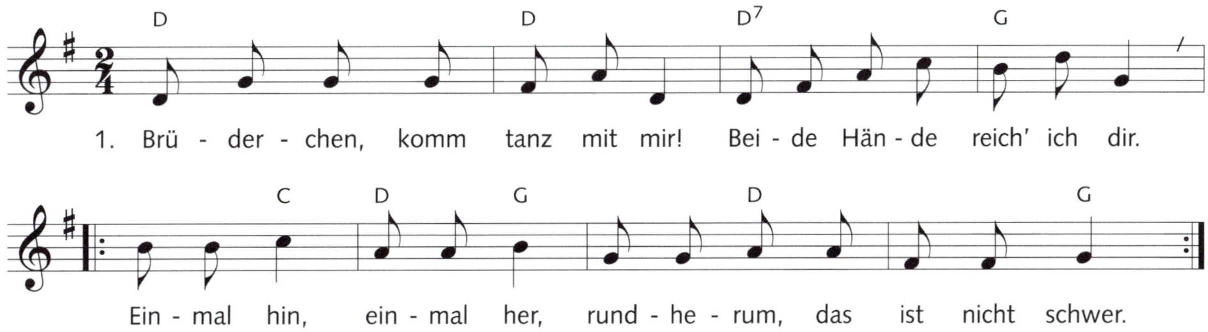

2. Mit den Füßchen trap, trap, trap,
mit den Händchen klapp, klapp, klapp!
Einmal hin, einmal her,
rundherum, das ist nicht schwer.

3. Mit dem Köpfchen nick, nick, nick,
mit dem Fingerchen tick, tick, tick!
Einmal hin, einmal her,
rundherum, das ist nicht schwer.

4. Ei, das hast du gut gemacht,
ei, das hätt ich nicht gedacht!
Einmal hin, einmal her,
rundherum, das ist nicht schwer.

5. Noch einmal das schöne Spiel,
weil es mir so gut gefiel!
Einmal hin, einmal her,
rundherum, das ist nicht schwer.

Gemeinsam wird das Lied gesungen. Zwei Tänzer stehen sich gegenüber, reichen sich die Hände, gehen ein paar Schritte zur einen Seite, dann zurück und drehen sich im Kreis.

Die Bewegungen für die weiteren Strophen (stampfen, klatschen, nicken, Fingerticken, Hände reichen) werden entsprechend im Lied ausgeführt, und zum Schluss hängen sich die beiden Tänzer mit den Armen unter und drehen sich im Kreis.

Laurentia

1. Laurentia, liebe Laurentia mein,
wann werden wir wieder beisammen sein? Am Montag!

2. Ach, wenn es doch schon wieder Montag wär und ich
bei meiner Laurentia wär, Laurentia wär.

3. Laurentia, liebe Laurentia mein, wann werden wir
wieder beisammen sein? Am Dienstag!

4. Ach, wenn es doch schon wieder Montag, Dienstag wär
und ich bei meiner Laurentia wär, Laurentia wär.

usw.
In der letzten Strophe werden schließlich alle Wochentage aufgezählt.

Ein Spiellied, das sich gut für eine Kindergruppe eignet, etwa bei einem Geburtstag oder einem Sommerfest. Alle Kinder stehen im Kreis und fassen einander an der Hand. Gemeinsam singen sie das Lied, und bei „Laurentia" sowie bei jedem Wochentag gehen alle kurz in die Knie, hüpfen hoch oder bewegen sich in einer anderen abgesprochenen Art gleich. Wer nicht bis zum Schluss durchhält kann sich aus dem Kreis lösen und einfach zusehen.

Wir Fröschelein

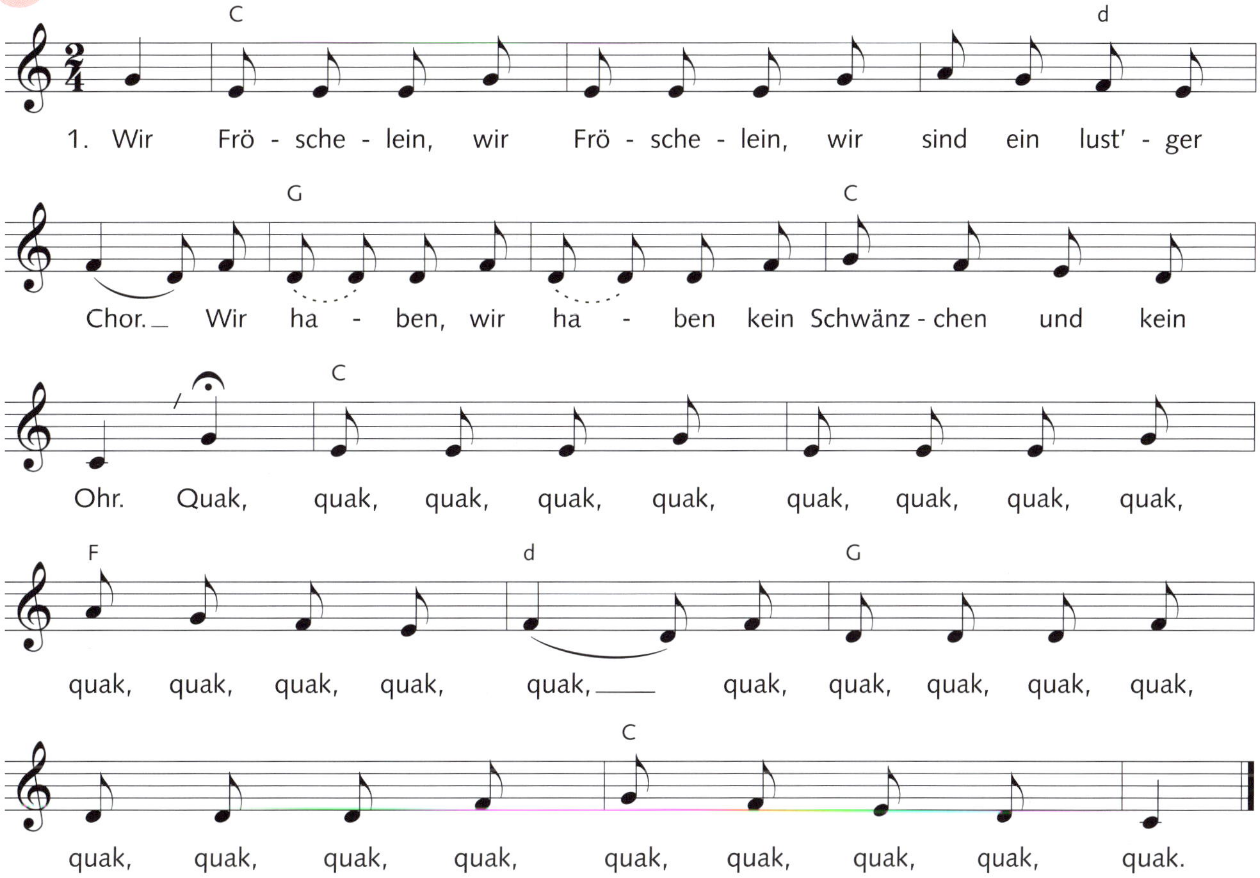

1. Wir Fröschelein,
wir Fröschelein,
wir sind ein lust'ger Chor,
wir haben, wir haben
kein Schwänzchen und kein Ohr.
Refrain: Quak, quak, quak …

Zuerst hüpfen alle wie Frösche im Kreis. Bei der zweiten Strophe geht einer im Storchenschritt durch den Raum und die Frösche hüpfen in ein Versteck. Dann schreitet der Storch aus der Tür und die Frösche hüpfen aus dem Versteck heraus.

2. Und kommt der Storch,
und kommt der Storch,
verschwinden wir im Moor.
(Strophe wiederholen)
Refrain: Quak, quak, quak …

3. Und geht der Storch,
und geht der Storch,
dann kommen wir hervor.
(Strophe wiederholen)
Refrain: Quak, quak, quak …

Meine Mutter

Meine Mi, meine Ma,
meine Mutter schickt mich her,
ob der Ki, ob der Ka,
ob der Kuchen fertig wär.
Wenn er ni, wenn er na,
wenn er noch nicht fertig wär,
käm ich mi, käm ich ma,
käm ich morgen wieder her.

Die beiden Spielpartner stehen einander gegenüber. Beim ersten Wort in die eigenen Hände klatschen. Bei „Mi" wird mit der rechten Hand in die linke Hand des Partners geklatscht, bei „meine" wieder in die eigenen Hände. Bei „Ma" mit der linken Hand in die rechte Hand des Partners klatschen, danach bei „meine" wieder in die eigenen Hände. Bei „Mutter" mit beiden Händen in die Hände des Partners klatschen. Diese Klatschfolge zu jeder Zeile wiederholen.

Schokolade

Scho-ko Scho-ko la la
Scho-ko Scho-ko de de
Scho-ko la
Scho-ko de
Scho-ko la de

Bei „Scho-ko" in die Hände des Partners klatschen, bei „la" klatschen die Handrücken der Spielpartner gegeneinander, bei „de" die Fäuste.

Bei Müllers hat's gebrannt

Bei Müllers hat's gebrannt, -brannt, -brannt,
da bin ich hingerannt, -rannt, -rannt.
Da kam ein Polizist, -zist, -zist,
der schrieb mich auf die List', List', List'.
Die List' fiel in den Dreck, Dreck, Dreck,
da war mein Name weg, weg, weg.
Da lief ich schnell nach Haus, Haus, Haus,
zu meinem Bruder Klaus, Klaus, Klaus,
da war die G'schichte aus, aus, aus.

Von „Bei" bis „gebrannt": Im Rhythmus des Textes klatschen die Partner zuerst in die eigenen Hände, dann die rechten Hände gegeneinander, in die eigenen Hände, die linken Hände gegeneinander und wieder in die eigenen Hände. Zuletzt wird dreimal in die Hände des Partners geklatscht. Diese Klatschfolge wird zu jeder Zeile wiederholt.

In Amerika

Eins, zwei, drei, vier, fünf, sechs, sieben,
wo bist du so lang geblieben?
Warst nicht hier, warst nicht da,
warst wohl in Amerika?

Die Spielpartner stehen einander gegenüber. Von „Eins" bis „geblieben": Abwechselnd mit beiden Händen in die Hände des Partners und in die eigenen Hände klatschen. In der dritten Zeile bei „Warst" mit beiden Händen in die des Partners klatschen, bei „nicht" in die eigenen. Bei „hier" mit der rechten Hand in die linke Hand des Partners klatschen. Bei „warst nicht" erneut mit beiden Händen in die Hände des Partners und dann in die eigenen Hande klatschen. Bei „da" mit der linken Hand in die rechte Hand des Partners klatschen. Bei der letzten Zeile wieder abwechselnd in die Hände des Partners und in die eigenen Hände klatschen. Beim letzten Wort viermal in die Hände des Partners klatschen.

Das A und O beim Sprechen

Spiele rund um den Mund

Um deutlich und korrekt sprechen zu können, braucht man eine gute Zungenfertigkeit und eine funktionierende Atemtechnik. Mit lustigen Zungen- und Pustespielen können diese Fertigkeiten im Alltag spielerisch eingeübt und gefördert werden. Die Sprachgewandtheit wird dadurch deutlich erhöht. Auch fortgeschrittene Sprecher können mit den Zungenbrechern, bei denen sich zum Glück noch nie jemand die Zunge gebrochen hat, ihre Sprechtechnik trainieren.

Formen erkennen

Für dieses Zungen-Fühlspiel braucht man unterschiedliche kleine Snacks. Geeignet sind beispielsweise Cornflakes, Rosinen, Nüsse, verschiedene Beeren etc. Manche Lebensmittel können auch zu verschiedenen Formen zurechtgeschnitten werden, etwa kleine Hartkäsestücke oder Radieschen in Dreiecke, Vierecke oder Kreise. Die Lebensmittel werden dem Kind auf die Zunge gelegt und es versucht nun zu erraten, was es ist bzw. welche Form es hat.

Zungenakrobatik

Zunächst wird eine kleine Süßigkeit (Schokolinsen, Bonbon o. Ä.) auf die ausgestreckte Zunge des Kindes gelegt. Nun soll die Zunge – erst in freien Versuchen, danach auf Kommando – in verschiedene Richtungen oder im Kreis bewegt werden, ohne dass die Süßigkeit herunterfällt.

Zungengeschichte

Sieh dir nur Frau Zunge an,
was die so alles machen kann.

Zunge weit herausstrecken.

Sie bewegt sich auf und nieder,
und das macht sie immer wieder.

Zunge mehrmals nach oben und nach unten bewegen.

Sie tanzt munter im Kreis herum,
ja, das findet sie gar nicht dumm.

Die Zunge herausstrecken und kreisen lassen.

Her und hin, hin und her,
das fällt ihr überhaupt nicht schwer.

Zunge abwechselnd nach rechts und nach links bewegen.

Und wenn es einmal regnet – o Graus!
Geht sie schnell zurück ins Haus.

Zunge schnell in den Mund ziehen.

Hier setzt sie ihr Tänzchen fröhlich fort,
mal ist sie hier, mal ist sie dort.

Die rechte und die linke Backe mit der Zunge ausbeulen.

Wie ein Kreisel, um und um,
dreht sie sich im Kreis herum.

Bei geschlossenen Lippen mit der Zunge einen Kreis zwischen Zähnen und Lippen machen.

Ist der Regen dann vorbei,
eilt Frau Zunge flink herbei.

Zunge wieder weit herausstrecken und hin und her wackeln.

Springt im Nu aufs Dach hinauf,
und führt ihr Tänzchen von Neuem auf.

Mit der Zunge versuchen, die Nasenspitze zu berühren. Zum Schluss die ausgestreckte Zunge einige Male kreisen lassen.

Wettessen

Wettessen sind bei Kindern sehr beliebt und eignen sich auch sehr gut als Spiele bei Kindergeburtstagen.

Schnecken-Essen:

Für dieses Spiel werden Lakritz-Schnecken aufgerollt. Jedes Kind steckt sich das Ende einer Schnecke in den Mund. Nun versucht jeder Mitspieler, den Rest seiner Schnecke so schnell wie möglich und nur mithilfe der Lippen und der Zunge aufzuessen.

Schokokuss-Essen:

Die Kinder halten ihre Arme hinter dem Rücken verschränkt und essen nur mit dem Mund Schokoküsse um die Wette.

Essen an der Leine:

Es wird eine Leine gespannt, an der in einigem Abstand voneinander Fäden mit verschiedenen Süßigkeiten je nach Größe der Kinder in unterschiedlicher Höhe hängen. Jedes Kind steht unter einer der herabhängenden Naschereien und muss sie zu erreichen und zu verspeisen versuchen. Dabei dürfen die Hände nicht zu Hilfe genommen werden.

Rosinen-Spur:

Im Abstand von etwa 10 cm wird eine Spur aus Rosinen auf dem Tisch ausgelegt. Nur mit dem Mund muss eine Rosine nach der anderen aufgenommen werden. Bei jeder Rosine muss sich das Kind zum Kauen und Schlucken aufrichten.

Futter sammeln

Verschiedene Sorten Obst (z. B. Äpfel, Bananen, Birnen etc.) werden in mundgerechte Stücke geschnitten und auf einen Teller gelegt. In einiger Entfernung zu diesem Obstteller wird ein Schälchen aufgestellt. Nun beginnt das Kind mit dem Futtersammeln, indem es die Obststückchen einzeln mit den Lippen aufnimmt und in das Schälchen legt. Zum Schluss darf es die gesammelten Obststücke aufessen.

Variante: Die Obststückchen können auch mit einem Löffel transportiert werden. Dazu wird jedes Obststück auf den Löffel gelegt, das Ende des Löffelstiels mit den Lippen festgehalten und das Fruchtstück in das Schälchen befördert.

Lippenkunst

Es wird ein Blatt Papier mit Klebefilm in Kinderkopfhöhe an der Wand befestigt. Das Kind nimmt nun einen kurzen Buntstift, hält ihn mit den Lippen fest und bemalt nun sein Papierblatt. Achtung: Dieses Spiel sollte nur in Begleitung eines Erwachsenen in ruhiger Umgebung gespielt werden und eignet sich nicht für Kinder unter fünf Jahren.

Variante: Schwieriger wird es, wenn ein bestimmtes Malthema vorgegeben wird (Haus, Baum, Schneemann etc.). Etwas älteren Kindern können auch Punkt-zu-Punkt-Bilder vorgelegt werden. Bei diesen Bildern müssen die nummerierten Punkte der Reihe nach verbunden werden – auch hier ohne Hilfe der Hände.

Grimassenspiegel

Ein lustiges Spiel für zwei Mitspieler. Die beiden sitzen sich gegenüber. Einer beginnt und schneidet nun verschiedene Grimassen. Der andere soll jede Grimasse genau beobachten und dann versuchen, sie so exakt wie möglich nachzuahmen – eben wie ein Spiegelbild. Dann werden die Rollen getauscht.

Gefühlspantomime

Ein Spieler stellt mimisch verschiedene Gefühle dar (z. B. fröhlich, traurig, ängstlich, überrascht), der andere soll nun das jeweils gezeigte Gefühl benennen und dann nachspielen.
Variante: Aus Zeitschriften werden Gesichter ausgeschnitten, die Überraschung, Freude, Ärger, Trauer usw. zeigen. Die Gesichter werden auf Kärtchen geklebt und auf den Tisch gelegt. Ein Spieler versucht, eines der Gesichter möglichst genau nachzumachen, der andere muss das richtige Kärtchen dazu herausfinden.

Tiersprache

Mit einem Tier-Memory® oder einem Bilderbuch über Tiere lässt sich die Tiersprache einüben. Gemeinsam werden verschiedene Tierbilder angeschaut. Wie unterhalten sich die Tiere, welche Laute geben sie von sich?
Mit ausdrucksvollem Gesicht wird nun gebrüllt wie ein Löwe, geblubbert wie ein Fisch, gebellt wie ein Hund, geschrien wie ein Esel, gewiehert wie ein Pferd, gefaucht wie eine Katze usw.

Wattepusten

Der geeignete Untergrund für dieses Spiel muss glatt sein, also eine Tischplatte ohne Tischdecke oder ein glatter Fußboden. Bei der einfachen Spielvariante wird ein Wattebausch entlang einer vorher festgelegten Strecke ins Ziel gepustet. Wichtig dabei ist die gezielte Lenkung des Luftstroms, das braucht ein bisschen Übung. Etwas einfacher wird es, wenn zum Pusten ein Strohhalm zu Hilfe genommen wird.

Tischslalom

Ein paar Korken werden in unregelmäßigen Abständen auf den Tisch gestellt. Durch die so entstandene Slalomstrecke muss ein kleiner Wattebausch gepustet werden, mal links, mal rechts an den Korken vorbei. Wer es schafft, den Wattebausch am schnellsten vom Start zum Ziel zu pusten, hat gewonnen. Doch Vorsicht! Der Wattebausch darf nicht vom Tisch fallen, auch darf nicht so stark gepustet werden, dass ein Korken umfällt. Klar ist auch, dass der Spieler eine Runde aussetzt, wenn er den Wattebausch auf der falschen Seite des Korkens vorbeipustet.

Puste-Ping-Pong

Gespielt wird immer zu zweit. Die beiden Mitspieler sitzen an zwei gegenüberliegenden Seiten eines Tischs. Nun legt ein Spieler einen Wattebausch, eine Styroporkugel oder einen Tischtennisball vor sich auf die Tischplatte und pustet den Gegenstand seinem Mitspieler zu. Dabei darf er sich nach vorn beugen. Beim Mitspieler angekommen, pustet der auf die gleiche Weise den Gegenstand zurück.

Schwebendes Tuch

Ein Papiertaschentuch wird in seine einzelnen Lagen geteilt. Von diesen hauchdünnen Lagen bekommt jeder Mitspieler eine. Damit jeder für das folgende Spiel genug Platz hat, verteilen sich alle im Raum. Nun haben die Mitspieler die Aufgabe, ihr Tuch hoch über dem Kopf zu halten, loszulassen und durch Pusten in der Luft zu halten. Wem gelingt es, sein schwebendes Tuch am längsten vom Boden fernzuhalten, ohne die Hände zu Hilfe zu nehmen?

Die Guten ins Töpfchen

Getrocknete Erbsen und Bohnen werden bunt durcheinander auf einem Tisch verteilt. Dann geht es los: Innerhalb einer festgelegten Zeitspanne sollen mithilfe eines Trinkhalms möglichst Erbsen auf der einen und Bohnen auf der anderen Tischseite gesammelt werden. Ob das durch Ansaugen oder Pusten geschieht, kann jeder Spieler selbst entscheiden.

Konfetti-Transport

In der Tischmitte liegen große bunte Konfettischnipsel. Jeder Mitspieler bekommt einen dünnen Trinkhalm und hat ein kleines Schälchen vor sich auf dem Tisch stehen. Auf ein Kommando hin muss jeder Konfettischnipsel von der Tischmitte in sein Schälchen befördern. Dabei darf immer nur ein Schnipsel mit dem Trinkhalm angesaugt werden, die Hände dürfen nicht zu Hilfe genommen werden. Schwieriger wird das Spiel, wenn nur Schnipsel einer ganz bestimmten Farbe gesammelt werden dürfen. Wer hat nach drei Minuten die meisten Schnipsel in seinem Schälchen? Die mit der falschen Farbe werden natürlich abgezogen.

Schatzsuche

Für diese Schatzsuche wird ein größerer Behälter mit feinem, trockenem Sand gefüllt. In diesem Behälter wird nun ein „Schatz" im Sand versteckt, etwa ein schöner Stein, ein kleines Spielzeug oder eine Spielfigur. Nun beginnt die Schatzsuche: Mit einem Strohhalm wird der Sand weggepustet, bis der Schatz ausgegraben ist.

Pustebilder

Mit reichlich Wasser verdünnte Wasserfarbe wird auf ein großes Blatt Papier gekleckst (Zeitungspapier unterlegen!). Mit einem Trinkhalm lassen sich die Kleckse jetzt auseinanderpusten. Wird der Luftstrom in verschiedene Richtungen gelenkt, mischen sich die verschiedenen Farben und es entstehen interessante Muster und Formen.

Variante: Eine Erbse oder eine Murmel über die Farbkleckse zu pusten ist eine weitere Möglichkeit, kunterbunte Muster und Bilder zu erhalten.

Streichholzschachtel-Weitpusten

Jeder Mitspieler bekommt eine leere Streichholzschachtel. Das Innenteil der Schachtel wird ein kleines Stück weit herausgeschoben und zur Unterscheidung mit einem Buntstift markiert. Dann pustet jeder auf der gegenüberliegenden Seite seiner Schachtel kräftig hinein, sodass das Innenteil möglichst weit fliegt. Nach ein paar Probeflügen geht der Wettstreit los. Alle versammeln sich an einer Linie und pusten, was das Zeug hält. Wessen Schachtelinnenteil fliegt am weitesten?

Puzzlebild

Ein klar gegliedertes und farblich abwechslungsreiches Bild wird in etwa 10–12 Teile geschnitten. Dabei ist darauf zu achten, dass die einzelnen Teile gut zu unterscheiden sind. Die Umrisse der Einzelteile werden auf einem Blatt Papier so vorgezeichnet, dass das Bild beim Auflegen der Teile richtig zusammengesetzt wird. Dann beginnt das Spiel: Mit einem Trinkhalm werden die Einzelteile angesaugt und an der richtigen Stelle platziert. Schwieriger wird das Spiel, wenn es ein Zeitlimit gibt.

Wassertragen

In etwas Abstand zu einer wassergefüllten Schale wird ein leeres Glas aufgestellt und mit einer Markierung (Klebeband, Wollfaden, Gummiring) versehen. Jetzt geht es darum, mit einem durchsichtigen Trinkhalm etwas Wasser aus der Schale zu saugen, im Halm zum Glas zu transportieren und das Glas bis zu der Markierung mit Wasser zu füllen. Es darf nur so viel Wasser angesaugt werden, wie in den Halm passt. Aus dem Spiel kann auch ein Wettspiel gemacht werden. Sieger ist, wer sein Glas zuerst bis zur Markierung gefüllt hat.
Tipp: Dieses Spiel sollte am besten draußen gespielt werden, da es doch vorkommen kann, dass beim Transport Wasser aus dem Strohhalm tropft. Alternativ kann der Weg von der Schale zum Glas mit alten Zeitungen ausgelegt werden.

Ein tierisches Rennen

Jeder Mitspieler bekommt ein Stück Papier in Postkartengröße, das in der Mitte geknickt wird, sodass es wie ein Dach aufgestellt werden kann. Auf eine Seite wird ein Tier gemalt, etwa ein Hase. Durch Pusten muss nun das „Tier" über einen glatten Tisch getrieben werden, ohne dass es umfällt. Welches „Tier" ist als erstes am anderen Tischende angekommen?

Feder ins Nest

Auf ein Stück Karton in Postkartengröße wird ein Nest gezeichnet, dann wird die Karte in die Tischmitte gelegt. Jeder Mitspieler bekommt eine kleine weiße Feder und alle setzen sich rund um den Tisch. Einer nach dem anderen legt seine Feder vor sich auf den Tisch und versucht sie vom Tischrand aus in das Nest zu pusten.

Eimerball

Auf einen Stuhl direkt neben dem Tisch wird ein Eimer gestellt. In diesen Eimer sollen nun die Bälle gepustet werden, die auf der anderen Seite auf die Tischplatte gelegt werden: ein Tischtennisball, ein Tennisball, ein Softball, eine kleine Holzkugel usw. Welcher Ball lässt sich einfach pusten, welcher nur sehr schwer? Welches Geräusch macht ein Ball, wenn er in den Eimer fällt?

Walnussboote

In leere Walnusshälften wird ein Stück Styropor gedrückt und ein Zahnstocher als Mast für das kleine Schiff hineingesteckt. Ein Stück Papier wird als Segel an dem Zahnstocher befestigt, und fertig ist das Segelboot.
Jeweils zwei Mitspieler stellen ihr Segelboot nun in eine große Schüssel mit Wasser und versuchen, von gegenüberliegenden Seiten aus ihr Boot auf die jeweils andere Seite zu pusten.
Tipp: Die Schüssel sollte groß genug und nur etwa zur Hälfte mit Wasser gefüllt sein, weil die Wogen bei diesem Spiel manchmal hoch schlagen. Sicherheitshalber ein großes Handtuch unterlegen.
Kleinere Kinder spielen hier gegen kleinere, da die Pustekraft in unterschiedlichem Alter doch sehr verschieden ist.

Korkensprache

Diese Methode benutzen auch professionelle Sprecher wie Schauspieler oder Nachrichtenmoderatoren, um deutliches Sprechen zu üben. Dazu werden mit einem sauberen Weinkorken zwischen den Zähnen zunächst einzelne Wörter, später dann ganze Sätze gesprochen. Das Ziel dabei ist, trotz Korken so deutlich wie möglich zu sprechen.
Variante: Man kann dieses Spiel auch als Ratespiel spielen. Ein Kind sagt mit dem Korken zwischen den Zähnen ein Wort oder einen Satz und das andere muss erraten, was gesagt wurde. Anschließend werden die Rollen getauscht.

Drei Chinesen mit dem Kontrabass

1. Drei Chinesen mit dem Kontrabass
   saßen auf der Straße und erzählten sich was.
   Da kam die Polizei: Ja, was ist denn das?
   Drei Chinesen mit dem Kontrabass.

Bei den folgenden Strophen werden alle Vokale jeweils durch a, e, i, o, u ersetzt.

2. Dra Chanasan mat dam Kantrabass …

3. Dre Chenesen met dem Kentrebess …

4. Dri Chinisin mit dim Kintribiss …

5. Dro Chonoson mot dom Kontroboss …

6. Dru Chunusun mut dum Kuntrubuss …

Der lange Ton

Nacheinander versuchen alle Kinder, einen Ton so lange wie möglich zu halten. Das kann ein langes Aaaaaaa oder ein langes Ooooooo sein, wichtig ist nur, gaaaanz tief Luft zu holen und den Ton so lange wie möglich ununterbrochen zu sagen. Die Zeit wird mit der Stoppuhr gemessen.

Lippenbilder

Für diese besonderen Bilder werden zunächst die Lippen mit einem Lippenstift großzügig angemalt. Nun darf man die Lippen immer wieder auf ein Blatt Papier drücken. Zwischendurch wird das Ergebnis begutachtet und die Lippen werden nachgeschminkt. Wie sehen die Lippenabdrücke mit verschiedenen Mundformen aus? Z. B. Lippen öffnen/schließen, rund/schmal machen, Lippen zu einem Kussmund/Fischmund formen etc.

Weitschießen

Die Kinder bekommen einen Trinkhalm und ein paar Streichhölzer, denen die Zündköpfchen entfernt wurden. Nun werden die Streichhölzer mit Filzstift farbig markiert, sodass man sie gut auseinanderhalten kann. Dann stellen sich alle Kinder nebeneinander auf. Jeder schiebt ein Streichholz in seinen Trinkhalm und pustet kräftig in den Halm. Wer schießt sein Hölzchen am weitesten?

Flaschenkonzert

Das Kind soll einer Glasflasche einen Ton entlocken. Die Lippen richtig zu formen und dosiert zu pusten, diese Geschicklichkeit ist hier gefragt. Von oben muss vorsichtig in einen Flaschenhals gepustet werden, bis ein mehr oder weniger dumpfer Ton ertönt. Füllt man die Flaschen mit verschiedenen Mengen Wasser, entstehen andere Töne.

Bunte Seifenblasen

Zum Seifenblasenpusten können fertige Spielsets mit Seifenwasser und Pustering gekauft werden. Mehr Spaß macht dieses Spiel aber, wenn die Seifenlauge selbst gemischt wird. Dafür braucht man Schmierseife oder Spülmittel, warmes Wasser und ein Schälchen und einen Trinkhalm.
In dem Schälchen mit handwarmem Wasser wird etwas Schmierseife oder Spülmittel aufgelöst. Mit etwas Ausprobieren lässt sich schnell die Mischung herausfinden, die die schönsten Seifenblasen ergibt. Als Pustehilfe wird ein Trinkhalm an einem Ende kreuzförmig eingeschlitzt und in die Seifenlauge getaucht. Durch vorsichtiges Pusten entstehen die schönsten Seifenblasen. Nun kommt es darauf an, die größte oder schillerndste Seifenblase zu pusten, die am längsten in der Luft schwebt, bevor sie zerplatzt.

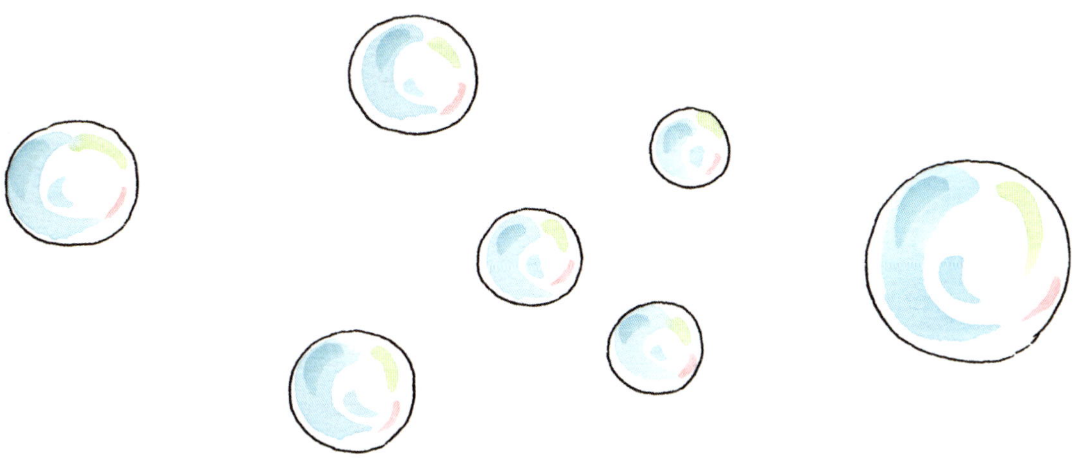

Grasblattkonzert

Mit einem Grasblatt zu pfeifen, ist gar nicht schwierig. Ein langes Grasblatt wird vorsichtig zwischen die nebeneinandergelegten Daumen beider Hände geklemmt. Die beiden Daumennägel liegen nun nebeneinander und unter den Daumenknöcheln ist in einer kleinen Höhlung die Schmalseite des Grasblatts zu sehen, das nicht zu fest gespannt eingeklemmt ist. Nun wird der Mund auf diese Öffnung gelegt und vorsichtig gepustet. Das Grasblatt vibriert und gibt zirpende Laute von sich. Je nach Stärke des Grasblatts, der Spannung und Intensität des Luftstroms hört sich das Pfeifgeräusch schrill und hoch oder brummig flatternd an. Mit ein bisschen Übung gelingt es bald, jedem Blatt Töne zu entlocken.

Lippen lesen

Ein Kind sucht sich ein bestimmtes Wort aus und spricht es dann lautlos. Ein anderes Kind muss nun erraten, welches Wort gemeint ist. Dies gelingt umso besser, je deutlicher das Wort gesagt wird, es darf dabei ruhig etwas übertrieben werden. Schwieriger wird das Spiel, wenn längere Wörter oder ganze Sätze lautlos gesprochen werden.

Abc, die Katze lief im Schnee

In dem alten Haus
wohnt 'ne kleine …

In dem großen Berg
wohnt ein kleiner …

Im Stall steht eine Kuh,
die macht auf einmal …

Wer hat weiche Tätzchen,
das ist das kleine …

Der Hund hat vier Beine
und geht an der …

Im Glas auf dem Tisch
schwimmt einsam ein …

Es juckt mich so,
ich hab einen …

Das kleine Hoppelhäschen
hat ein schwarzes …

A-B-C,
die Katze lief im …

Bei diesem Reimspiel wird das Reimwort aus der ersten Zeile völlig lautlos, nur mit Mundbewegungen, gesprochen. Der Mitspieler muss nun das fehlende Reimwort aus der zweiten Zeile erraten.

Zungenbrecher

Fischers Fritz fischt frische Fische,
frische Fische fischt Fischers Fritz.

Es klapperten die Klapperschlangen,
bis ihre Klappern schlapper klangen.

Schneiders Schere schneidet scharf,
scharf schneidet Schneiders Schere.

Blaukraut bleibt Blaukraut
und Brautkleid bleibt Brautkleid.

Zwischen zwei Zwetschgenzweigen
zwitschern zwei Schwalben.

Menschen mögen Möwen leiden,
während sie die Löwen meiden.

In Ulm, um Ulm und um Ulm herum.

Bürsten mit schwarzen Borsten
bürsten besser als Bürsten mit weißen Borsten.

Der Potsdamer Postkutscher
putzt den Potsdamer Postkutschenkasten.

Zehn Ziegen zogen zehn Zentner Zucker zum Zoo.
Zum Zoo zogen zehn Ziegen zehn Zentner Zucker.

Klitzekleine Kinder können keinen Kirschkern knacken.

Hinter Hermann Hannes' Haus
hängen hundert Hemden raus.
Hundert Hemden hängen raus
hinter Hermann Hannes' Haus.

Lauscher aufgesperrt!

Hören und verstehen

Genaues Hören, das Erkennen von Lauten und Klangfärbungen sind wichtige Aspekte bei der Sprachentwicklung. Bei den Spielen in diesem Kapitel stehen Höreindrücke mit unterschiedlichen Lautformen und Geräuschen im Mittelpunkt. Das schärft einerseits das Gehör, andererseits das Verstehen von Mitteilungen und fördert bei Ihrem Kind die Fähigkeit, Aufgaben und Anweisungen genau zu erfassen und richtig umzusetzen.

Wo ist die Maus

Ein Kind sitzt mit verbundenen Augen auf einem Stuhl in der Mitte des Zimmers. Ein anderes bewegt sich als „kleine Maus" mucksmäuschenstill durchs Zimmer und gibt immer wieder „Piep" von sich. Der Mitspieler mit den verbundenen Augen spitzt die Ohren und zeigt in die Richtung, aus der er das Piepsen gehört hat.

Was mache ich?

Wieder sitzt ein Kind mit verbundenen Augen auf einem Stuhl mitten im Raum. Ein Mitspieler geht nun durch die Wohnung und macht dabei verschiedene Geräusche, z. B. Fenster/Tür öffnen und schließen, Geschirr zusammenstellen und wegräumen, Wasser in ein Glas eingießen, Reißverschluss auf- und zuziehen, ein Stück Papier zerknüllen oder zerreißen, mit dem Fuß aufstampfen etc. Das Kind mit den verbundenen Augen muss nun möglichst genau beschreiben, was es gehört hat, und raten, wie das Geräusch entstanden ist.

Hohe Töne, tiefe Töne

Die Bilder werden betrachtet. Was gibt hohe Töne von sich, was tiefe Töne? In der Wohnung geht man auf Geräuschesuche. Was brummt, was pfeift?

Körperklänge

Mit dem Körper lassen sich viele Klänge produzieren: mit den Füßen stampfen, auf die Schenkel klopfen, in die Hände klatschen, pfeifen, mit geöffnetem Mund leicht auf die Wangen klopfen, mit der Zunge schnell zwischen den Lippen hin- und herfahren usw. Wie hört es sich an, wenn man sich mit dem Finger leicht auf den Kiefer, auf die Stirn, auf den Nasenrücken, auf die Schläfen klopft? Was hört man, wenn man die Hand als Muschel geformt hinter die Ohrmuschel hält?
Es ist sehr spannend auf die Klänge zu horchen, die der Körper eines anderen von sich gibt. Was spricht der Magen? Kann man mit dem Ohr auf der Brust des Horchpartners das Herz klopfen hören? Wie klopft es? Wie hört es sich an, wenn man am Rücken des Mitspielers horcht und auf seine Schulterblätter klopft?

Unter der Horchdecke

Es fällt viel leichter sich auf Geräusche zu konzentrieren, wenn man die Augen schließt oder sich unter einer „Horchdecke" befindet. Das kann eine Tischdecke oder eine andere dünne Decke sein. Man kauert sich auf den Boden und breitet die Decke über sich. Es sollte nicht völlig dunkel sein, ein schummrig-buntes Licht genügt, um sich ganz auf Geräusche konzentrieren zu können. Dann wird aufmerksam gehorcht, was alles zu hören ist. Schritte auf der Straße, in der Wohnung oben oder unten? Langsame oder schnelle Schritte, von einem älteren Menschen oder von einem Kind? Autos, die vorbeifahren, Lastwagen, Mopeds? Fahrradklingeln? Ein Wasserhahn? Vogelgezwitscher? Wer nicht allein unter der Horchdecke steckt, berät sich flüsternd mit seinem Mitspieler, was zu hören war, wer oder was die Geräusche verursacht hat. Wer will, kann sich eine kleine Geschichte zu den Geräuschen ausdenken.

Musikstimmungen

Verschiedene Radiosender werden nach Musik durchsucht. Je nach der Stimmung der Musik bewegen sich die Kinder dazu. Ist es eine lustige Musik, wird gehüpft und gelacht, ist die Musik langsam und getragen, bewegt man sich elegant und geschmeidig, zu trauriger Musik geht man langsam usw.

Wo kommt das Geräusch her?

Ein tickender Wecker oder ein anderer Gegenstand, der Geräusche von sich gibt (z. B. kleines Radio, Eieruhr) wird im Zimmer versteckt. Ein Kind macht sich mit verbundenen Augen auf die Suche nach dem Wecker. Am besten bewegt es sich dabei auf allen vieren, langsam und vorsichtig, damit es nicht gegen einen Gegenstand stößt und sich wehtut.
Variante: Ein Kind wird mit verbundenen Augen und auf allen vieren mithilfe eines Gegenstandes, der in Abständen zum Klingen gebracht wird (z. B. Löffel an Glas/Topfdeckel schlagen) langsam durch die Wohnung geleitet. Vor dem Abnehmen der Augenbinde muss er erraten, in welchem Raum des Hauses es sich befindet.

Instrumente basteln

Eine einfache Rassel entsteht, wenn man einen leeren Joghurtbecher etwa zur Hälfte mit Reis, Linsen, Sand o. Ä. füllt und die Öffnung sorgfältig mit Klebeband verschließt. Mit Farbe oder bunten Papierschnipseln kann die Rassel noch schön verziert werden.
Mit dieser Rassel lässt sich allerhand spielen. Z. B. gibt ein Spieler einen Rhythmus vor und der andere versucht ihn exakt nachzumachen. Begonnen wird mit einfachen, kurzen Rhythmen, dann werden die Rhythmen immer komplizierter und länger.

Geräusche-Memory®

Filmdosen oder andere verschließbare Behälter werden etwa zur Hälfte mit verschiedenen Materialien gefüllt. Als Füllmaterial eignen sich z. B. Büroklammern, Zucker, Erbsen, Nudeln, Reis, Sand, kleine Münzen. Jeweils zwei Behälter enthalten den selben Inhalt und werden an der Unterseite identisch markiert.
Nun wird versucht, durch Schütteln der Dosen die Paare mit gleichem Inhalt herauszufinden. Wer glaubt, alle Dosen richtig zugeordnet zu haben, kann seine Vermutung anhand der Markierungen überprüfen.

Wörter singen

Dieses Spiel eignet sich gut für eine kleinere Kindergruppe. Ein Kind wird ausgewählt und geht vor die Tür, die anderen überlegen sich ein Wort, das aus mehreren Silben besteht, etwa „Kaugummi" oder „Türöffner". Jedes Kind im Zimmer singt nun immer nur eine Silbe des ausgemachten Wortes auf eine einfache Melodie, etwa „Hänschen klein". Wenn alle ihre Silbe singen, darf der Mitspieler wieder hereinkommen und muss nun die Silben erkennen und sie in der richtigen Reihenfolge zusammensetzen. Hat er das Wort erraten, darf das nächste Kind vor die Tür.

Welches Wort ist falsch?

Beim Vorlesen der unten stehenden Wörter – Reihe für Reihe – wird schnell klar, welche zwei Wörter sich reimen und welches Wort nicht in die Reihe passt. Oder?

Hose – Dose – Fisch

Wal – Schal – Hase

Insel – Haus – Pinsel

Mund – Hund – Schlange

Vase – Hase – Gabel

Turm – Maus – Wurm

Maus – Haus – Löwe

Berg – Sonne – Zwerg

Knopf – Rose – Topf

Fisch – Tisch – Topf

Bechertelefon

Jeweils zwei Kinder stellen ihr gemeinsames Bechertelefon her. Dazu brauchen sie zwei leere Plastikbecher, beispielsweise Joghurtbecher. In die Mitte des Becherbodens wird vorsichtig ein kleines Loch gebohrt. Von außen wird nun die Schnur durch das Loch in den Becher gefädelt und innen verknotet, sodass sie nicht mehr herausrutschen kann. Beim zweiten Becher wird genauso verfahren. Jetzt sind die beiden Becher mit der Schnur miteinander verbunden. Wenn die Schnur straff gespannt wird, funktioniert diese Konstruktion wie ein Telefon. Einer spricht in den Becher, der andere hält sein Ohr an seinen Becher und kann gut verstehen, was der andere spricht. Das funktioniert über viele Meter so, doch die Schnur darf nicht durchhängen oder irgendwo anstoßen.

Schlauchflüstern

Zwei Kinder bekommen einen Schlauch oder eine flexible Röhre. Gemeinsam experimentieren die beiden, wie gut man sich durch diese Röhre verstehen kann. Sie sagen einen Satz in normaler Lautstärke ohne Röhre und den gleichen Satz durch die Röhre. Wie leise kann man flüstern, um überhaupt noch durch die Röhre gehört zu werden? Abwechselnd flüstern sie sich ganz leise Sätze ins Ohr. Dann wird experimentiert, wie man komische Geräusche durch die Röhre machen kann.
Hinweis: Es gilt das absolute Verbot, dem Spielpartner ins Ohr zu brüllen.

Krachorchester

In jedem Haushalt finden sich viele Gegenstände, die zum Musizieren geeignet sind: ein Topf, auf den mit Kochlöffeln getrommelt werden kann, zwei Topfdeckel, die zum Tusch zusammengeschlagen werden, ein Becher, halb gefüllt mit getrockneten Erbsen oder Linsen als Rassel, verschiedene Glöckchen, die mit einer Schnur zu einem Schellenband verbunden werden, ein Metallsieb, über das man mit der Gabel fahren kann, oder ein Kamm, der mit Butterbrotpapier umwickelt wird (wenn man das Papier leicht mit den Lippen berührt und eine Melodie summt, hört sich das erstaunlich gut an).
Gemeinsam werden die unterschiedlichsten Gegenstände auf ihre Klangeigenschaften untersucht bzw. verschiedene Klangkörper hergestellt. So lässt sich ein Orchester zusammenstellen, das mehr oder weniger melodiös klingt.

Reimwörter-Memory®

Für dieses Spiel werden die Bildkarten von Seite 89 des Buchs kopiert, auf festen Karton geklebt und ausgeschnitten.
Die Spielregeln sind wie bei einem klassischen Memory®-Spiel. Gespielt wird mit zwei oder mehr Mitspielern. Die Spieler drehen reihum zwei Spielkarten um und benennen die Bilder laut. Wenn es sich bei den aufgedeckten Karten um ein Reimpaar handelt, darf der Spieler sie behalten. Passen die Karten nicht zusammen, werden sie wieder umgedreht. Sieger ist derjenige, der am Ende die meisten Reimpaare gesammelt hat.
Variante: Diese Spielvariante eignet sich als Kindergeburtstagsspiel. Der Sieger kann mit einem kleinen Preis belohnt werden.
Die Bildpaare werden geteilt und eine Hälfte offen auf den Tisch gelegt. Von der anderen Hälfte wird nun ein Bild nach dem anderen gezeigt. Jeder Spieler versucht, die passende liegende Karte vor den anderen zu schnappen. Derjenige, der die Karte erwischt, nennt das Reimpaar laut und bekommt dann das Kartenpaar. Gewinner des Spiels ist, wer am Ende die meisten richtigen Reimkarten geschnappt hat.

Fang den Ton

Für dieses Spiel braucht man einen Ball mit einem Glöckchen oder ein aufziehbares oder batteriebetriebenes Spielzeugauto. Der Klingelball oder das Auto wird auf den Mitspieler, der mit geschlossenen Augen auf dem Boden sitzt, zugerollt oder bzw. an ihm vorbeigerollt oder vorbeigefahren. Der „Blinde“ soll die Bahn des Balls oder Autos nach Gehör verfolgen und ihn oder es festhalten.

Mitmach-Märchen

Ein bekanntes Märchen oder eine andere Geschichte kann ganz einfach beim Vorlesen in eine Mitmachgeschichte umgewandelt werden. Immer dann, wenn ein bestimmtes Wort in der Geschichte vorkommt, soll das Kind eine bestimmte Tätigkeit oder Bewegung ausführen (z. B. in die Hände klatschen, vom Stuhl aufstehen und sich einmal im Kreis drehen, mit den Füßen stampfen, einen bestimmten Laut von sich geben). Es sollte natürlich ein Wort sein, das besonders häufig in der Geschichte vorkommt, wie beispielsweise der Name einer der Hauptpersonen. Das Mitmachen wird schwieriger, wenn dem Kind der Verlauf der Geschichte neu ist.

Variante: Dieses Spiel kann auch gut mit mehreren Mitspielern gespielt werden und eignet sich daher als Gruppenspiel etwa bei einem Geburtstag. Jeder Mitspieler bekommt ein anderes Wort zugeteilt, bei dem er eine bestimmte Bewegung ausführen soll. Verschläft ein Kind seinen „Einsatz" oder macht es seine Bewegung an einer falschen Stelle, muss es ein Pfand abgeben. Sieger des Spiels ist, wer seine Bewegungen immer richtig ausgeführt hat.

Was ist laut, was ist leise?

Aus einem Katalog oder aus Werbebroschüren werden Geräte und Dinge ausgeschnitten, die Geräusche verursachen. Dann wird entschieden, ob der jeweilige Gegenstand laute oder leise Geräusche verursacht. Gegenstände, die laute Geräusche verursachen, werden auf ein Blatt Papier geklebt, auf ein anderes Blatt kommen die Dinge, die leise Geräusche machen.

Ein seltsamer Geburtstag

Beim Vorlesen der folgenden Geschichte geht es darum, gut hinzuhören und aufzupassen, denn in der Geschichte kommen allerlei merkwürdige Dinge vor (im Text kursiv gedruckt). Immer, wenn etwas Seltsames oder Unglaubliches in der Geschichte vorkommt, sollen die Zuhörer in die Hände klatschen und versuchen, den Fehler zu verbessern. Falls nötig, unterstützt der Erwachsene dabei den oder die kindlichen Zuhörer.

Mitten in der Nacht stand Max auf. Als er aus dem Fenster schaute, sah er, dass der Mond schien und hörte die *Vögel muhen*. „Was für ein *schöner Tag*", dachte er sich, als er vergnügt die Treppen hinunter in die Küche *schwamm*. Dort stand ein riesiger *Geburtstagskäse* mit fünf *brennenden Würstchen* auf dem Tisch. „Alles Gute zum Geburtstag", riefen seine Eltern, die schon auf ihn gewartet hatten. Max schaffte es auf Anhieb, alle drei Kerzen auf einmal *anzuzünden*. Nach dem Geburtstagsfrühstück stiegen Max und seine Eltern in die *Waschmaschine* und fuhren zum Zoo. Zuerst sahen sie sich dort die *winzigen Elefanten* mit ihren langen *Schnäbeln* an. Danach gingen sie zu den *gefährlichen Meerschweinchen* und den *niedlichen Krokodilen*, die *flink auf einem Baum herumkletterten*. Dann schauten Max und seine Eltern bei der Fütterung der Seelöwen zu. Max durfte einen Seelöwen sogar mit *einer Banane* füttern. Am besten gefiel Max der Tiger mit seinem *gepunkteten Fell*. Schließlich *flogen* Max und seine Eltern wieder mit dem Auto nach Hause. Abends zog sich Max aus, putzte sich *mit dem Kamm* die Zähne und legte sich *in den Schrank*. „Was für ein seltsamer Geburtstag", dachte er noch bei sich, bevor er einschlief.

Roboterspiel

Bei diesem Spiel erklären Sie Ihrem Kind, es sei nun Robo, der Roboter, und müsse alle Anweisungen, die Sie ihm erteilen, ganz genau befolgen. Geben Sie Ihrem Kind nun verschiedene Aufträge, die es ausführen soll, zum Beispiel: „Geh in die Küche, Robo, und schenk mir ein Glas Wasser ein." Die Aufgaben dürfen auch lustig sein: „Robo, fass dir mit der linken Hand ans rechte Ohrläppchen und hüpfe dazu auf einem Bein."
Mit der Zeit können Sie Ihrem Kind auch immer kompliziertere Aufträge erteilen: „Robo, geh drei Schritte vorwärts, zwei Schritte nach rechts, einen Schritt zurück, streck deinen linken Arm nach oben und deinen rechten Arm zur Seite und mach dann vier Kniebeugen."

Namenweg

Ein bestimmter Weg, beispielsweise von der Tür auf die andere Zimmerseite, soll Schritt für Schritt zurückgelegt werden. Dabei darf Ihr Kind immer dann einen Schritt vorwärts gehen, wenn es seinen Namen oder ein anderes Wort hört, das zuvor festgelegt wurde. Beginnen Sie nun, je nach Alter Ihres Kindes schneller oder langsamer – auf jeden Fall aber deutlich ausgesprochen – Worte aufzusagen: Blume, Apfel, Peter, Susanne, Hannes, Miriam, Auto, Kasper, Leiter, Haus, Hannes, Ball usw. Ihr Kind darf nur einen Schritt weiter gehen, wenn sein Wort gefallen ist. Hat es das Wort überhört, unterbrechen Sie die Aufzählung und schicken es einen kleinen Schritt zurück. Wenn das Kind am Ziel angekommen ist, hat es ein großes Lob verdient.

Alle Vögel fliegen hoch

Für das allseits bekannte Spielprinzip dieses beliebten Kinderspiels gibt es eine ganze Reihe von Spielvarianten.
Bei der klassischen Spielvariante reagieren die mitspielenden Kinder auf Sätze wie: „Alle Amseln fliegen hoch", „Alle Flugzeuge fliegen hoch" oder „Alle Busse fliegen hoch". Bei allen wahren Aussagen müssen die Hände in die Höhe gestreckt werden, bei falschen Aussagen müssen sie unten bleiben.

Variante: Die verschiedensten Eigenschaften können abgefragt werden. Hier einige Vorschläge:

Farben:
Alle Bananen sind gelb.
Alle Gurken sind grün.

Formen bzw. Beschaffenheit von Dingen:
Alle Reifen sind rund.
Alle Nadeln sind spitz.
Alle Steine sind hart.

Geschmack:
Alle Zitronen sind sauer.
Alle Gummibärchen sind süß.

Tiereigenschaften:
Alle Enten haben zwei Beine.
Alle Kühe fressen Gras.

Alle Kinder, die …

Dieses Spiel eignet sich gut als Kindergeburtstagsspiel, da es mehr Spaß macht, wenn mehrere Kinder mitspielen. Ein Erwachsener fordert alle Kinder mit einer bestimmten Gemeinsamkeit auf, eine von ihm genannte Bewegung oder Tätigkeit auszuführen. Beispiel: „Alle Kinder, die braune Haare haben, tippen sich zweimal an die Nase." Das Spiel macht noch mehr Spaß, wenn die Kommandos ausgefallen und lustig sind: „Alle Kinder mit zwei Beinen fangen Mücken."

Frage und Antwort

Ein sehr beliebtes musikalisch-rhythmisches Spiel ist das Frage-und-Antwort-Spiel. Setzen Sie sich ihrem Kind gegenüber an einen Tisch und klopfen Sie ein paar Takte mit dem Finger auf die Tischplatte als „Frage". Ihr Kind soll seinerseits mit ein paar Klopfzeichen „antworten". Daraus kann sich ein spannender Klopfdialog entwickeln, der sich variieren lässt in Geschwindigkeit und Lautstärke des Klopfens. Vielleicht werden Sie erstaunt sein, welch rhythmische Kreativität in Ihrem Kind und in Ihnen selbst steckt!
Das Frage-und-Antwort-Spiel funktioniert aber auch mit der Stimme. Summen Sie ein paar Töne in aufsteigender Reihenfolge als Frage, als Antwort könnten nun dieselben Töne in absteigender Reihenfolge kommen. Mit diesem Spiel fördern Sie die Gehörsensibilität und die Musikalität Ihres Kindes besonders effektiv.

Eine Murcks-Geschichte

Kopieren Sie vor Beginn des Spiels die Bildkarten von S. 89 und schneiden Sie die aus, die zu den in Klammern stehenden Wörtern im unten stehenden Text passen. Legen Sie die Kärtchen mit dem Bildmotiv nach oben auf dem Tisch aus. Wenn Sie dann die Geschichte langsam vorlesen, ersetzen Sie dabei die Wörter, die in Klammern stehen, durch „Murcks". Ihr Kind ergänzt selbst das jeweils fehlende Wort und nimmt die entsprechende Bildkarte an sich.
Dieses Spiel macht auch mit einer kleineren Kindergruppe viel Spaß, wenn mehrere Kinder um die Wette nach der richtigen Bildkarte schnappen.

Murcks-Geschichte:

Mitten im großen, weiten Meer liegt eine kleine (Insel). Auf ihr wohnt kein Riese – denn dafür ist die Insel viel zu klein –, sondern ein zipfelmütziger (Zwerg) namens Rudi. Rudi wohnt in einem hübschen kleinen (Haus). Alles darin ist blau, denn blau ist Rudis Lieblingsfarbe. Rudi schläft in einem blauen Bett, isst an einem blauen (Tisch) mit blauen Stühlen und seine Kleider hängen in einem blauen (Schrank). Rudi ist auch von Kopf bis Fuß blau gekleidet, er trägt eine blaue (Hose), einen blauen Pullover und um den Hals einen blauen (Schal). Rudi wohnt aber nicht alleine auf der Insel, denn er hat zwei Tiere, eine kleine (Maus) und einen zotteligen (Hund). Jeden Tag geht Rudi mit seinen beiden Freunden angeln, denn am liebsten isst Rudi (Fisch). Abends sitzt er dann vor seinem Haus auf der (Bank) und lässt sich den gebratenen Fisch schmecken.

Anlaute heraushören

Zu Beginn des Spiels zeigen Sie Ihrem Kind die erste Reihe der unten stehenden Abbildungen und decken die übrigen Reihen zunächst ab. Es soll laut sagen, was es in der Abbildung ganz links sieht. Dann sucht es alle Dinge in dieser Reihe, die mit demselben Anfangslaut beginnen. Anschließend wird die zweite Reihe aufgedeckt und die Anlautsuche beginnt von Neuem.

Fruchtige Anlaute

Vor mehreren Kindern steht ein Teller mit klein geschnittenem Obst oder Gemüse. Je nach Verfügbarkeit etwa Äpfel, Bananen, Orangen, Birnen, Zwetschgen, Trauben, Aprikosen, Kirschen, Stachelbeeren, Holunder, Himbeeren, Erdbeeren, Kiwis, Johannisbeeren, Brombeeren, aber auch Melonen, Rhabarber, Tomaten, Radieschen, Karotten, Salat, Kresse, Gurken, Avocados.
Ein Kind beginnt. Es nimmt sich ein Stück, probiert es und nennt die Frucht, um die es sich handelt. Falls es den Namen nicht weiß, helfen andere Kinder. Gemeinsam nennen alle laut den Anlaut der Frucht, etwa „b" bei Banane. Reihum nennt nun jedes Kind einen anderen beliebigen Gegenstand, der mit „b" beginnt. Dann ist das nächste Kind an der Reihe, ein Fruchtstück zu probieren.
Hinweis: Beim Sprechen von einzelnen Lauten oder Anlauten sollen die Kinder deutlich sprechen.
Grundsätzlich werden alle Laute so gesprochen, wie man sie beim Sprechen benutzt, man sagt also nicht „be", sondern „b", nicht „ka", sondern „k".

Zugführer

Mehrere Kinder gehen im Takt einer Handtrommel oder zu Musik als Zugschlange durch den Raum. Das erste Kind ist der Zugführer und es bestimmt die Richtung. Unvermittelt stoppen Sie die Musik. Die Zugschlange bleibt stehen. Sie sagen einen Laut, etwa „s". Das Kind, dessen Name mit „s" beginnt, sagt seinen Namen und ist nun neuer Zugführer. Gibt es mehrere Kinder mit dem gleichen Anfangslaut, wird das Kind Zugführer, das als Erstes seinen Namen sagt.

Verrückte Gedichte und vieles mehr

Rätsel, Reime und Lügengeschichten

Sprachspielereien machen Kindern viel Spaß. Sie sind fasziniert von Reimen, die verwunderlich, fantastisch oder gar verrückt klingen. Ulkige Ereignisse, Unsinn und schräge Geschichten, Rätselreime und kleine Malgeschichten fördern spielerisch und spaßbetont die Sprechgewandtheit und schärfen den Sinn für sprachliche Muster. Viele Kinder entpuppen sich bei den folgenden Spielen als wahre Gedächtniskünstler, einfallsreiche Wortspielakrobaten und gewitzte Verseschmiede.

Der Ball der Tiere

Mich dünkt, wir geben einen Ball!,
sagt Frau Nachtigall.
So?,
sagt der Floh.
Was werden wir essen?,
fragen die Wespen.
Nudeln!,
rufen die Pudeln.
Was werden wir trinken?,
fragen die Finken.
Bier!,
meint der Stier.
Nein, nein!,
sagt das Schwein.
Wo werden wir tanzen?,
fragen die Wanzen.
Im Haus!,
sagt die Maus.

Die drei Spatzen

In einem leeren Haselstrauch,
da sitzen drei Spatzen, Bauch an Bauch.
Der Erich rechts und links der Franz
und mitten drin der freche Hans.
Sie haben die Augen zu, ganz zu,
und obendrüber da schneit es, hu!
Sie rücken zusammen, dicht an dicht.
So warm wie der Hans hat's niemand nicht.
Sie hör'n alle drei ihrer Herzlein Gepoch.
Und wenn sie nicht weg sind, so sitzen sie noch.

Verkehrte Welt

Des Abends, wenn ich früh aufsteh,
des Morgens, wenn zu Bett ich geh,
dann krähen die Hühner, dann gackert der Hahn,
dann fängt das Korn zu dreschen an.
Die Magd, die steckt den Ofen ins Feuer,
die Frau, die schlägt drei Suppen in die Eier,
der Knecht, der kehrt mit der Stube den Besen,
da sitzen die Erbsen, die Kinder zu lesen.
Oh weh, wie sind mir die Stiefel geschwollen,
dass sie nicht in die Beine reinwollen!
Nimm drei Pfund Stiefel und schmiere das Fett,
dann stell mir vor die Stiefel das Bett.

Jockel und der Herr

Der Herr, der schickt den Jockel aus,
er soll den Hafer schneiden.
Der Jockel schneid't den Hafer nicht
und kommt auch nicht nach Haus.

Da schickt der Herr den Pudel aus,
er soll den Jockel beißen.
Der Pudel beißt den Jockel nicht,
der Jockel schneid't den Hafer nicht
und kommt auch nicht nach Haus.

Da schickt der Herr den Prügel aus,
er soll den Pudel hauen.
Der Prügel haut den Pudel nicht,
der Pudel beißt den Jockel nicht,
der Jockel schneid't den Hafer nicht
und kommt auch nicht nach Haus.

Da schickt der Herr das Feuer aus,
es soll den Prügel brennen.
Das Feuer brennt den Prügel nicht,
der Prügel haut den Pudel nicht,
der Pudel beißt den Jockel nicht,
der Jockel schneid't den Hafer nicht
und kommt auch nicht nach Haus.

Da schickt der Herr das Wasser aus,
es soll das Feuer löschen.
Das Wasser löscht das Feuer nicht,
das Feuer brennt den Prügel nicht,
der Prügel haut den Pudel nicht,
der Pudel beißt den Jockel nicht,
der Jockel schneid't den Hafer nicht
und kommt auch nicht nach Haus.

Da schickt der Herr den Ochsen aus,
er soll das Wasser saufen.
Der Ochse säuft das Wasser nicht,
das Wasser löscht das Feuer nicht,
das Feuer brennt den Prügel nicht,
der Prügel haut den Pudel nicht,
der Pudel beißt den Jockel nicht,
der Jockel schneid't den Hafer nicht
und kommt auch nicht nach Haus.

Da schickt der Herr den Metzger aus,
er soll den Ochsen schlachten.
Der Metzger schlacht' den Ochsen,
der Ochse säuft das Wasser,
das Wasser löscht das Feuer,
das Feuer brennt den Prügel,
der Prügel haut den Pudel,
der Pudel beißt den Jockel,
der Jockel schneid't den Hafer
und kommt dann auch nach Haus.

Da stimmt doch etwas nicht!

Lesen Sie Ihrem Kind die folgenden Sätze nacheinander vor. Ihrem Kind wird es sicher viel Spaß machen, die Fehler zu verbessern und damit sein Wissen unter Beweis zu stellen. Nutzen Sie die Sätze daher auch als Sprechanlass und regen Sie Ihr Kind durch Fragen dazu an, mehr zu erzählen (z. B.: Was hat man an, wenn die Sonne scheint?/ Wieso kann man mit einem Goldfisch nicht spazieren gehen?/ Was weißt du alles über Kühe?/ Was bewahrt man im Kühlschrank auf? usw.

Wenn die Sonne scheint, braucht man einen Regenschirm.
Nachmittags gehe ich mit meinem Goldfisch spazieren.
Kühe klettern auf Bäume.
Meine Socken bewahre ich im Kühlschrank auf.
Alle Autos haben zwei Räder.
Morgens schmiere ich mein Brot mit Zahnpasta.
Tomaten kann man trinken.
Im Winter gehe ich immer in der Badehose nach draußen.
Elefanten legen Eier.
Schokolade wächst auf Bäumen.
Beim Bäcker kann man Fleisch kaufen.
Hunde können fliegen.
Ich esse mein Essen mit der Schaufel.
Marmelade schmeckt sauer.
Im Sommer kann man Schlitten fahren.

Lügengeschichten

Eine Kuh, die saß im Schwalbennest
mit sieben jungen Ziegen,
die feierten ihr Jubelfest
und fingen an zu fliegen.
Der Esel zog Pantoffeln an,
ist übers Haus geflogen.
Und wenn das nicht die Wahrheit ist,
so ist es doch gelogen.

Es segelten etliche über Land,
die Segel hatten sie in den Wind gespannt
und segelten auf den Feldern.
Sie segelten auf einen hohen Berg,
da ertranken sie all in den Wäldern.

Dunkel war's, der Mond schien helle,
Schnee lag auf der grünen Flur,
als ein Wagen blitzeschnelle
langsam um die Ecke fuhr.
Drinnen saßen stehend Leute,
schweigend ins Gespräch vertieft,
als ein totgeschoss'ner Hase
auf der Sandbank Schlittschuh lief.

Auf dem Berge Sinai

Auf dem Berge Sinai
wohnt der Schneider Kikriki.
Seine Frau, die Margarete,
saß auf dem Balkon und nähte,
fiel herab, fiel herab,
und das linke Bein brach ab.
Kam der Doktor angerannt
mit der Nadel in der Hand,
näht es an, näht es an,
dass sie wieder laufen kann.

Ich ging einmal nach Butzlabee

Ich ging einmal nach Butzlabee,
da kam ich an ein' großen See,
da kam ich an ein Mühlenhaus,
da schauten drei Hexen zum Fenster raus.
Die erste sprach: „Komm, iss mit mir!"
Die zweite sprach: „Komm, trink mit mir!"
Die dritte nahm den Mühlenstein
und warf ihn mir ans linke Bein.
Da schrie ich laut: „O weh, o weh,
ich geh nie mehr nach Butzlabee!"

Morgens früh um sechs

Morgens früh um sechs
kommt die kleine Hex.

Morgens früh um sieben
schabt sie gelbe Rüben.

Morgens früh um acht
wird Kaffee gemacht.

Morgens früh um neun
geht sie in die Scheun.

Morgens früh um zehn
holt sie Holz und Spän,

feuert an um elf,
kocht dann bis um zwölf,

Fröschebein, Krebs und Fisch:
Hurtig, Kinder, kommt zu Tisch!

Der Ausflug

Es war einmal ein Mann,
der hatte einen Schwamm.
Der Schwamm war ihm zu nass,
da ging er auf die Gass.
Die Gass war ihm zu kalt,
da ging er in den Wald.
Der Wald war ihm zu grün,
da ging er nach Berlin.
Berlin war ihm zu groß,
da ging er nach Hallmoos.
Hallmoos war ihm zu klein,
da ging er wieder heim.

Kettenreim

Eins, zwei, drei,
alt ist nicht neu,
neu ist nicht alt,
warm ist nicht kalt,
kalt ist nicht warm,
reich ist nicht arm,
arm ist nicht reich,
ungrad ist nicht gleich,
gleich ist nicht ungrad,
ein Wagen ist kein Pflug,
ein Pflug ist kein Wagen,
singen ist nicht sagen,
sagen ist nicht singen,
tanzen ist nicht springen,
springen ist nicht tanzen,
Flöh sind keine Wanzen,
Wanzen sind keine Flöh,
ein Hirsch ist kein Reh,
ein Reh ist kein Hirsch,
faul ist nicht frisch,
frisch ist nicht faul,
ein Ochs ist kein Gaul,
ein Gaul ist kein Ochs,
ein Has ist kein Fuchs,
ein Fuchs ist kein Has,
die Zunge ist keine Nas,
die Nas ist keine Zunge,
Leber ist keine Lunge,
Lunge ist keine Leber,
der Schneider ist kein Weber,
ein Weber ist kein Schneider,
ein Bauer ist kein Schreiber,
ein Schreiber ist kein Bauer,
süß ist nicht sauer,
sauer ist nicht süß,
die Händ sind keine Füß,
die Füß sind keine Händ,
die Geschicht ist jetzt zu End.

Eine kleine Piepmaus

Eine kleine Piepmaus
lief ums Rathaus.
Wollte sich was kaufen,
hatte sich verlaufen,
Schillewipp, Schillewapp
und du bist ab!

Ene mene miste

Ene Mene Miste,
es rappelt in der Kiste.
Ene Mene Meck
und du bist weg.
Weg bist du noch lange nicht,
sag mir erst, wie alt du bist.

Eine alte Frau

Eins, zwei, drei, vier, fünf, sechs, sieben,
eine alte Frau kocht Rüben.
Eine alte Frau kocht Speck,
und du bist weg.

Ich und du

Ich und du,
Müllers Kuh –
Müllers Esel,
der bist du!

Wer ist das?

Auf dem Wege, auf der Wiese
liegt ein endlos langer Riese.
Lange Arme, lange Beine,
liegen schwarz im Sonnenscheine.
Starr steh ich und schau ihn an,
er bewegt sich nicht der Mann.
Doch will ich die Arme heben,
fängt er plötzlich an zu leben,
hebt die Arme so wie ich.
Bück ich mich, so bückt er sich;
wenn ich wackle mit dem Kopf,
wackelt gleichfalls dieser Tropf.
So ein großer dummer Mann,
der nicht selber denken kann.
Ja, er weiß, es ist zum Lachen,
nichts, als mich stets nachzumachen.
Doch nun will der Schwarze fliehen,
Wolken vor die Sonne ziehen,
dunkler wird es eins, zwei, drei,
und schon ist der Spuk vorbei.
(Der Schatten)

Eine kleine Dickmadam

Eine kleine Dickmadam
fuhr mal mit der Eisenbahn.
Eisenbahn, die krachte,
Dickmadam, die lachte.
Lachte, bis der Schutzmann kam,
und sie mit zur Wache nahm.

Es war einmal ein Mann

Es war einmal ein Mann,
der hieß Bimbam.
Bimbam hieß er,
und die Trompete blies er.

Es war einmal ein Würmchen

Es war einmal ein Würmchen,
das klettert auf ein Türmchen,
da kam ein Stürmchen,
da flog das Würmchen
vom Türmchen.

Märchen

Es war einmal ein Mann,
so fängt mein Märchen an,
der hatte eine Kuh,
nun hör mir fleißig zu,
die Kuh, die hatt' ein Kalb,
mein Märchen ist jetzt halb,
das Kalb hat eine bunte Schnauz,
jetzt ist mein Märchen aus.

Backe, backe, Kuchen

Backe, backe, Kuchen,
der Bäcker hat gerufen:
„Wer will guten Kuchen backen?
Der muss haben sieben Sachen:
Eier und Schmalz,
Butter und Salz,
Milch und Mehl,
Safran macht den Kuchen gehl:
Schieb, schieb in den Ofen rein."

Im Land der Riesen und der Zwerge

So geht es im Lande der Riesen:
Da nähen die Schneider mit Spießen,
da stricken die Mädchen mit Stangen,
da füttert man Vögel mit Schlangen,
da malen mit Besen die Maler,
da macht man wie Kuchen die Taler,
da schießt man die Mücken mit Pfeilen,
da webt man die Leinwand aus Seilen.

So ist es im Lande der Zwerge:
Ameisenhaufen sind die Berge,
das Sandkorn ist ein Felsenstück,
der Seidenfaden ist ein Strick,
die Nadel ist da eine Stange,
ein Würmlein ist da eine Schlange,
als Elefant gilt da die Maus,
der Fingerhut ist da ein Haus,
die Fenster sind wie Nadelöhre,
ein Glas voll Wasser wird zum Meere,
der dickste Mann ist dünn wie Haar,
der Augenblick ist da ein Jahr.

Vom Riesen Timpetu

Still! Ich weiß was. Hört mal zu:
War einst ein Riese Timpetu.
Der arme Bursche hat – o Graus! –
im Schlafe nachts verschluckt 'ne Maus.
Er lief zum Doktor Pfiffikus:
„Ach, Doktor, denkt nur, welch Verdruss!
Ich hab im Schlaf 'ne Maus verschluckt,
die sitzt im Leib und kneipt und druckt."
Der Doktor war ein kluger Mann,
man sah's ihm an der Brille an.
Er hat ihm in den Hals geguckt:
„Wie? Was? 'ne Maus habt Ihr verschluckt?
Verschluckt 'ne Miezekatz dazu,
so lässt die Maus Euch gleich in Ruh!"

Vom Riesen Pinkepank

Jetzt hört die Mär drei Ellen lang
vom bösen Riesen Pinkepank.
Der wohnte tief in Wasserpolen
mit einer Prinzessin, die er gestohlen.
Einst ging er spazieren bis nach Ungarn,
da fing ihn mächtig an zu hungern.
Er nahm das Dach von einem Haus,
riss gleich das runde Öfchen aus
und schluckt es ganz mitsamt der Glut:
Das war ein Würstchen, heiß und gut!
Den Ofen konnt er nicht vertragen,
er starb an einem verbrannten Magen.
Da sprach die Prinzessin: „Gott sei Dank,
jetzt heiß ich nicht mehr Frau Pinkepank!"

Das Haus vom Nikolaus

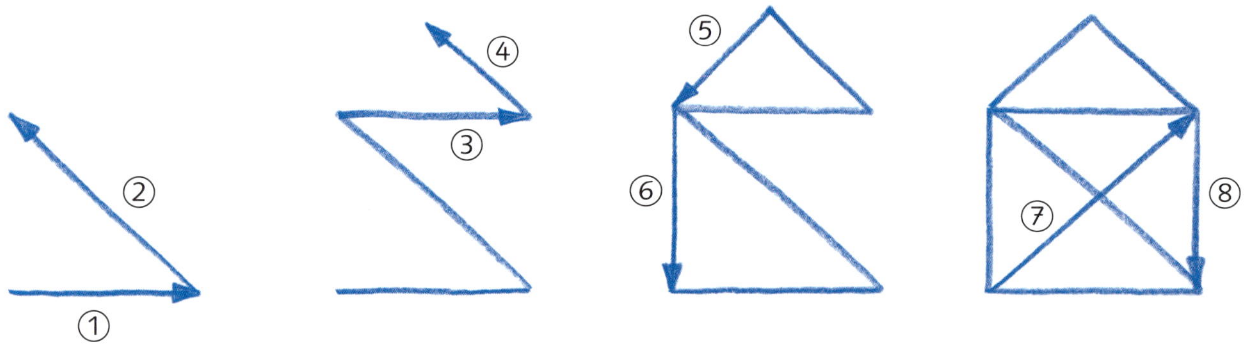

① + ②	③ + ④	⑤ + ⑥	⑦ + ⑧
Das ist	das Haus	vom Ni-	ko- laus.

Rätselreime

Ich weiß ein kleines, weißes Haus,
hat keine Fenster, keine Tore,
und will der kleine Wirt heraus,
so muss er erst die Wand durchbohren.
(Das Ei)

Das Erste ist ein wildes Tier.
Das Zweite putzt du am Morgen dir.
Zusammen ist es gelb und grün,
du siehst es auf der Wiese stehn.
(Der Löwenzahn)

Erst weiß wie Schnee,
dann grün wie Klee,
dann rot wie Blut,
schmeckt allen Kindern gut.
(Die Kirsche)

Rätselreime

Ein Häuschen mit fünf Stübchen,
drin wohnen braune Bübchen.
Nicht Tür noch Tor führt ein und aus,
wer sie besucht, verzehrt das Haus.
(Der Apfel)

Es schwebt daher ganz kugelrund,
durchscheinend, leicht und herrlich bunt.
Entstanden ist's durch einen Hauch –
lang lebt es nicht, bald platzt sein Bauch.
(Die Seifenblase)

Zwei Löcher hab ich,
zwei Finger brauch ich.
So mach ich Langes und Großes klein
und trenne, was nicht beisammen soll sein.
(Die Schere)

Punkt, Punkt, Komma, Strich

Punkt, Punkt, Komma, Strich,
fertig ist das Mondgesicht.

Einen Kloß und 'ne Kartoffel,
fertig ist mein lieber Stoffel.

Ein Küken wollt ihr?

Ein Küken wollt ihr?
Das zeichnen wir hier.
Zwei Ringe, fast rund.

Ein Punkt ist das Aug,
ein Häkchen am Bauch.

Zwei Striche sind Beine.
Nun zwei Füße, ganz kleine.
Das Küken steht da
und ruft nach Mama.

Rätselreime

Was ist das für ein Häuschen,
ist kleiner als ein Mäuschen,
darinnen wohnt ein Tier,
gleich zeigt es die Hörner dir.
(Die Schnecke)

Welcher Garten wird im Sommer nicht gegossen?
(Der Kindergarten)

Es hat vier Beine und kann nicht gehen,
muss immer auf allen vieren stehen.
Was ist das?
(Der Tisch)

Rätselreime

Ich weiß ein Ställchen
mit weißen Gesellchen.
Es regnet nicht rein,
es scheint nicht hinein,
ist aber doch stets nass.
Sage: Was ist wohl das?
(Der Mund)

Es fällt herab vom Himmel,
ist weißer als ein Schimmel,
ist wie ein Bettchen weich.
Zerfließt zu Wasser gleich
und macht dann nass.
Was ist wohl das?
(Der Schnee)

Ich bin nicht Gans, nicht Huhn, nicht Taube,
nicht minder nützlich doch als sie.
Hab keinen Kamm und keine Haube,
bin doch ein schönes Federvieh.
Mein Name reimt sich auf Rente.
Und somit bin ich eine ...
(Die Ente)

Großer Stern

Wer das nicht kann,
kriegt keinen Mann.

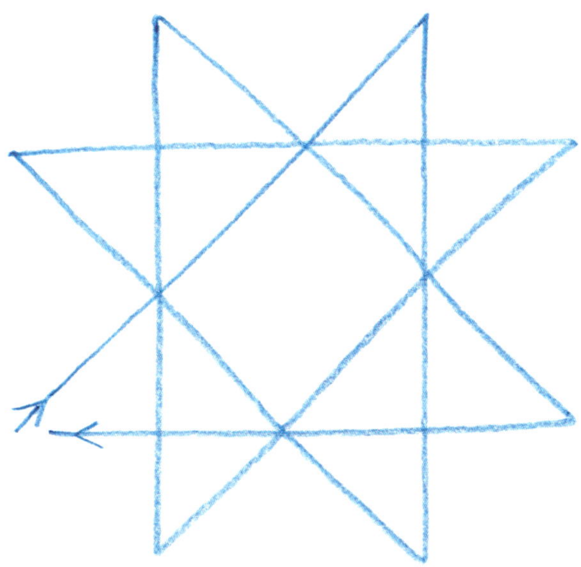

Rätselreime

Es trippelt ums Haus.
(Komm doch mal raus!)
Es klopft ans Fenster.
(Sind das Gespenster?)
Es trommelt aufs Dach.
(Schau doch mal nach!)
Es kommt nicht herein.
Was mag das sein?
(Der Regen)

Meine Schale, die ist rund,
einmal blau, mal rot, mal bunt.
Schlägst du auf die Schale drauf,
isst du mich mit Freude auf.
Erst das Gelbe, dann das Weiße,
Rate, rate, wie ich heiße!
(Das Osterei)

Ein großer Ball

Ein großer Ball,
ein kleiner Ball,
obendran zwei Schleifchen,
hintendran ein Schweifchen,
ringsherum viele grüne Gräschen –
fertig ist das Osterhäschen.

Rätselreime

Ich habe Flügel, rate Kind,
doch flieg ich nur im Kreise,
und singen tu ich, wenn der Wind
mir vorpfeift, laut und leise,
was ihr den Feldern abgewinnt,
kau ich auf meine Weise,
doch – was mir durch die Kehle rinnt,
das mundet euch als Speise.
(Die Windmühle)

Hat ein Häuschen wie Stein,
doch was drin liegt, schmeckt fein.
(Die Nuss)

Sie hat zwei Flügel und kann nicht fliegen,
einen Rücken und kann nicht liegen.
(Die Nase)

Es hängt am Strauch,
hat Steinchen im Bauch,
ein rotes Jäckchen an
– das kennt jedermann.
(Die Hagebutte)

Loch an Loch – und hält doch.
(Die Kette)

Keiner und Niemand traten ins Haus.
Keiner sprang zum Fenster hinaus,
und Niemand ging durch die Hintertür raus.
Doch wer ist jetzt noch im Haus?
(Das „und")

Immer muss ich gehen,
niemals darf ich stehen,
darf weder langsam
noch zu schnell mich drehen.
(Die Uhr)

Mit Wörtern und Sätzen jonglieren

Spiele zu Wortschatz und Satzbau

Die alltäglichen Sprecherfahrungen führen jedes Kind auf den Weg zur Sprachbeherrschung. Es macht alles „automatisch" richtig oder lernt durch Fehler, die korrigiert werden. Für alle Kinder ist es aber auch spannend, die Systematik der Sprache zu entdecken: Was sind Oberbegriffe? Wie funktionieren zusammengesetzte Wörter? Wie lassen sich aus einzelnen Begriffen ganze Sätze und Geschichten bauen?

Oberbegriffe finden

Jede Wortreihe wird langsam vorgelesen und ihr Kind soll nun zu jeder Reihe den passenden Oberbegriff finden.

Hase – Bär – Affe – Papagei – Ente (Tiere)
Bett – Tisch – Schrank – Stuhl – Regal (Möbel)
Hose – Pullover – Schuhe – Mütze – Rock (Kleidung)
Teller – Glas – Schüssel – Tasse – Kanne (Geschirr)
Nase – Hals – Fuß – Arm – Hand (Körperteile)

Varianten: Etwas ältere Kinder können das Spiel auch ohne Vorgabe von Wörtern spielen. Gespielt wird zu zweit. Ein Kind beginnt und nennt eine Reihe von Wörtern, die zusammengehören. Der Mitspieler nennt nun den passenden Oberbegriff.

Nun wird das Spiel umgedreht und Sie nennen einen Oberbegriff (z. B. Früchte oder Fahrzeuge), zu denen Ihr Kind möglichst viele passende Wörter finden muss. Spielen mehrere Kinder mit, nennen die Kinder reihum jeweils einen passenden Begriff.

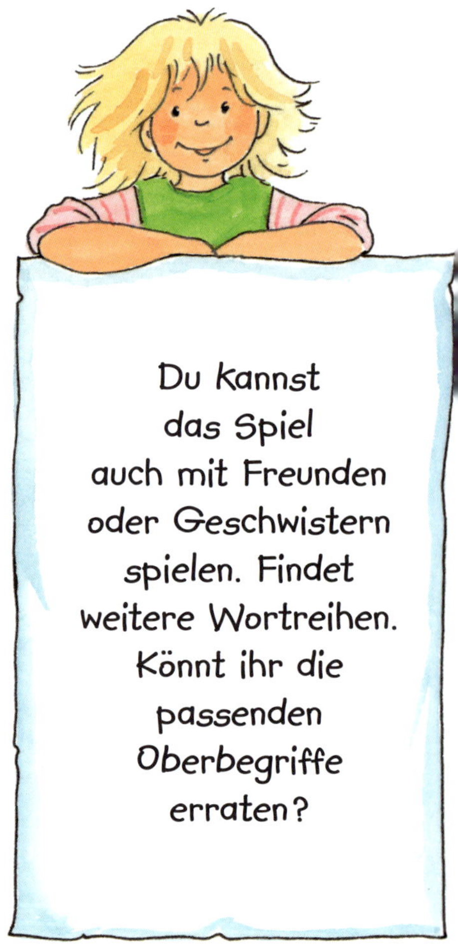

Zusammengesetzte Wörter bilden

Bestimmt kennt Ihr Kind die Gegenstände auf den Bildern und kann sie alle benennen. Nun soll es zusammengesetzte Wörter bilden und zu jedem Bild auf der linken Seite das passende Bild auf der rechten Seite finden.

Wörterdomino

Sie beginnen das Spiel und nennen ein zusammengesetztes Wort, z. B. Haustür. Ihr Kind bildet nun ein neues zusammengesetztes Wort, das mit dem 2. Teil Ihres genannten Begriffs beginnt, hier beispielsweise Türklingel. So geht es weiter und die Wörterkette wird so lange wie möglich fortgesetzt.
Variante: Das Spiel eignet sich auch gut als Gruppenspiel. Gespielt wird reihum. Wer kein passendes zusammengesetztes Wort anhängen kann, scheidet aus.

Ausreißer gesucht

Die folgenden Wortreihen enthalten jeweils ein Wort, das nicht zu den anderen passt. Lesen Sie Ihrem Kind die Wörter Reihe für Reihe langsam vor. Findet es die Wörter, die nicht zu den anderen passen?

Brot – Apfel – Käse – Tomate – Löffel
(„Löffel“ passt nicht. Alle anderen Dinge kann man essen.)

Ball – Teddybär – Puppe – Schaukelpferd – Bleistift
(„Bleistift“ passt nicht. Alle anderen Dinge sind Spielsachen.)

Fahrrad – Auto – Schiff – Zug – Baum
(„Baum“ passt nicht. Alle anderen Dinge sind Fahrzeuge.)

Flöte – Trommel – Gitarre – Trompete – Hammer
(„Hammer“ passt nicht. Alle anderen Dinge sind Musikinstrumente.)

Teller – Löffel – Gabel – Messer – Teelöffel
(„Teller“ passt nicht. Alle anderen Dinge gehören zum Besteck.)

Ich packe meinen Koffer

Ein Kind beginnt und nennt einen Gegenstand, den es in den Koffer packen will. Die anderen Kinder wiederholen dann reihum zunächst die bisher eingepackten Gegenstände – natürlich in der richtigen Reihenfolge – und packen jeweils einen weiteren Gegenstand dazu. Die Kinder können auch noch eine passende Bewegung zu ihrem Gegenstand machen, dadurch kommt noch etwas mehr Bewegung ins Spiel.
Variante: Das Spiel kann auch so gespielt werden, dass nur Dinge, die zu einem bestimmten Oberbegriff gehören, in den Koffer gepackt werden dürfen.

Wortfamilien

Nennen Sie ein Hauptwort (siehe die unten aufgeführten Beispiele). Ihr Kind soll nun möglichst viele zusammengesetzte Wörter damit bilden.

Wortvorschläge:
Haus: Haustür, Hausschuh, Hausdach, Hausfrau
Wasser: Wasserhahn, Wasserball, Wassereis, Wasserfall
Auto: Autotür, Autobahn, Autoreifen, Autodach
Sonne: Sonnenblume, Sonnenhut, Sonnenuhr, Sonnenschirm
Blume: Blumenvase, Blumentopf, Blumenbeet, Blumenwiese

Variante: Hier können auch zwei Gruppen gegeneinander spielen. Die Gruppen nennen abwechselnd zusammengesetzte Wörter, in denen das vorgegebene Wort vorkommt. Gewinner ist die Gruppe, der die meisten Wörter einfallen.

Wörter klatschen

Sie sprechen Ihrem Kind langsam zwei Wörter vor. Das Kind soll nun herausfinden, welches der beiden Wörter jeweils länger ist, indem es die Wörter nachspricht und zu jeder Silbe klatscht.

Hund – Krokodil
Seife – Waschlappen
Schuh – Hose
Puppe – Teddybär

Variante für ältere Kinder: Auf einem Tisch werden verschiedene Gegenstände ausgelegt, deren Bezeichnung eine, zwei oder drei Silben haben. Ihr Kind benennt die Gegenstände und klatscht die Silben dazu. Dann versucht es, Gegenstände mit jeweils gleicher Silbenzahl zu finden.

Wortvorschläge:
Wörter mit 1 Silbe: Ei, Topf, Brot, Buch …
Wörter mit 2 Silben: Teller, Löffel, Brille, Spiegel …
Wörter mit 3 Silben: Zitrone, Tomate, Zahnbürste, Banane …

Pantomime

Auch wenn bei diesem Spiel nicht gesprochen wird, hilft es Kindern, ihren Wortschatz zu festigen und zu erweitern. Gespielt wird mit zwei oder mehr Kindern. Ein Mitspieler überlegt sich eine Tätigkeit und stellt diese pantomimisch dar. Die anderen Mitspieler versuchen die Tätigkeit zu erraten. Derjenige, der das Dargestellte zuerst errät, darf die nächste Tätigkeit vormachen.

Geben Sie Ihrem Kind Adjektive vor, zu denen es jeweils das Gegenteil finden muss (Beispiele siehe unten).

groß	– ?	langsam	– ?
laut	– ?	süß	– ?
lang	– ?	sauber	– ?
schwer	– ?	dick	– ?

Für dieses Spiel braucht man Bildkarten mit verschiedenen Motiven, beispielsweise Memory®-Karten (Bildpaare jeweils aussortieren). Die Bildkarten werden verdeckt auf einem Tisch ausgelegt. Ihr Kind dreht nun eine Karte um und bildet einen Satz, in dem das Wort vorkommt.

Variante: Ältere Kinder können auch zwei oder drei Bildkärtchen auf einmal umdrehen. Nun müssen sie sich einen Satz überlegen, in dem alle zwei bzw. drei Wörter vorkommen. Es dürfen auch Unsinnssätze gebildet werden, solange die Satzkonstruktionen richtig sind.

Mehrzahl bilden

Mit einem Memory®-Spiel lässt sich die Mehrzahlbildung sehr gut üben. Gespielt wird am besten zu zweit oder zu dritt. Reihum deckt jeder Mitspieler jeweils zwei Kärtchen auf und benennt die Bilder, zum Beispiel: „Ich habe eine Blume und einen Vogel." Wer die Kärtchen aufdeckt, bildet immer einen ganzen Satz. Hat ein Mitspieler zwei gleiche Bildkärtchen gefunden, bildet er die Mehrzahl: „Ich habe zwei Vögel."

Variante: Für diese Spielvariante, die sich auch für eine kleine Kindergruppe eignet, braucht man mehrere Memory®-Kartenpärchen. Jeweils eine Karte eines Pärchens nehmen Sie in die Hand, die andere liegt unter einem „Zaubertuch" verborgen. Nun zeigen Sie das erste Kärtchen und sagen etwa: „Das ist ein Apfel. Mein Zaubertuch macht daraus …?" Jetzt holen Sie das andere passende Bildkärtchen unter dem Zaubertuch hervor und halten es neben das erste. Reihum sind die Kinder an der Reihe und das erste soll nun sagen, wie viele Äpfel es sieht, und die Mehrzahl bilden: zwei Äpfel. Nach und nach werden so alle Bildkärtchen unter dem Tuch hervorgezaubert.

Tipp: Die Memory®-Kärtchen unter dem Tuch sollten in der gleichen Reihenfolge geordnet sein wie die gezeigten, damit Sie unter dem Tuch nicht lange nach dem richtigen Kärtchen suchen müssen.

Ein Tag mit Hoppel

Lesen Sie Ihrem Kind die folgende Geschichte langsam vor. Jedes Mal, wenn im Text eine falsche Verbform vorkommt (im Text kursiv gedruckt mit richtiger Verbform in Klammer), klatscht Ihr Kind in die Hände und verbessert den Fehler.

Hoppel ist Lisas Stoffhase. Weil er ihr Lieblingskuscheltier ist, nimmt sie ihn auch überallhin mit. Hör nun gut zu, was er mit Lisa alles erlebt.
„Ich *steht* (stehe) jeden Morgen um 8 Uhr zusammen mit Lisa auf. Dann *geht* (gehen) wir ins Bad und ich passe auf, dass Lisa sich gründlich wäscht und ihre Zähne ordentlich *geputzt* (putzt). Wenn Lisa sich *angezieht* (angezogen) hat, gehen wir hinunter zum Frühstück. Lisa *geben* (gibt) mir immer etwas von ihrem Frühstück ab. Danach *bringen* (bringt) Lisas Mama sie in den Kindergarten, da darf ich nicht mit. Ohne Lisa ist es langweilig. Mittags *kommen* (kommt) sie wieder nach Hause, dann können wir endlich zusammen gespielt (spielen). Manchmal *nehmen* (nimmt) Lisa mich mit auf den Spielplatz. Dort *rutscht* (rutschen) wir dann auf der Rutsche und wir *geschaukelt* (schaukeln) auf der Schaukel. Auf das Klettergerüst *geklettern* (klettert) Lisa aber ohne mich. Das ist mir nämlich zu hoch, da bleibe ich lieber unten auf dem Boden. Abends bin ich dann sehr müde und ich *geschlaft* (schlafe) ganz schnell neben Lisa ein."

So eine Unordnung

Gemeinsam mit Ihrem Kind betrachten Sie das Bild. Fragen Sie es dann nach den Gegenständen im Bild; es soll beschreiben, wo die Dinge liegen.
Mögliche Fragen:
Wo ist der Ball? (im Schrank)
Wo sind die Schuhe? (auf dem Bett)
Wo ist das Buch? (unter dem Stuhl)
Wo ist die Puppe? (neben der Lampe)
Wo ist die Zahnbürste? (in der Blumenvase)
Wo ist der Federballschläger? (hinter dem Papierkorb)
Wo sind die Bauklötze? (vor dem Schrank)

Dinge umschreiben

Das Spiel wird mit zwei oder mehr Kindern gespielt. Eines überlegt sich einen Gegenstand und beschreibt ihn den anderen Kindern nach und nach so genau wie möglich, natürlich ohne ihn dabei beim Namen zu nennen. Die anderen Kinder versuchen herauszufinden, welcher Gegenstand gemeint sein könnte. Dasjenige, das den gesuchten Begriff als Erstes errät, darf den nächsten Begriff umschreiben.

Märchen-Quiz

Ihr Kind kennt bestimmt schon viele Märchengeschichten. Veranstalten Sie mit ihm oder mit mehreren Kindern ein Märchen-Quiz mit Fragen zu verschiedenen Märchen:

- Wer hilft Aschenputtel dabei, die Linsen aus der Asche zu lesen? (die Tauben)
- Wem begegnet Rotkäppchen im Wald? (dem bösen Wolf)
- Womit vergiftet die böse Stiefmutter Schneewittchen? (mit einem Apfel)
- Was passiert, nachdem sich Dornröschen an einer Spindel gestochen hat? (Sie fällt in einen 100-jährigen Schlaf.)
- Wie überlistet der Wolf die sieben Geißlein, sodass sie ihn ins Haus lassen? (Er taucht seine Tatze in Mehl und verstellt seine Stimme, sodass die Geißlein ihn für ihre Mutter halten.)
- Wieso finden Hänsel und Gretel den Weg nach Hause nicht mehr, als die Eltern sie erneut im Wald aussetzen? (Die Vögel picken die Brotkrumen auf, die Hänsel gestreut hat.)
- Was ruft der Prinz Rapunzel zu, damit er zu ihr in den Turm gelangen kann? (Rapunzel, Rapunzel, lass dein Haar herunter!)
- Wer rettet Rotkäppchen und seine Großmutter aus dem Bauch des Wolfs? (der Jäger)
- Wie gelingt es den Bremer Stadtmusikanten, die Räuber zu verjagen? (Sie stellen sich alle aufeinander und machen einen furchtbaren Krach, sodass die Räuber Angst bekommen und fliehen.)

Variante: Sie können auch einen Abschnitt aus einem Märchen vorlesen. Ihr Kind versucht nun zu erraten, aus welchem Märchen dieser ist, und kann es zu Ende erzählen.

Mitlese-Geschichten

Lesen Sie Ihrem Kind die folgenden Texte langsam vor und lassen Sie es dabei ins Buch schauen. Machen Sie jedes Mal eine Pause, wenn in der Geschichte ein Bild vorkommt. Ihr Kind ersetzt die Bilder durch den jeweils passenden Begriff.

Im Frühling

Im Frühling fangen die  an zu blühen. Die  singen lustige Lieder und bauen ihre . Im Garten kann man schon die ersten  pflücken.

Im Sommer

Im Sommer ist es warm und die  scheint. Endlich kann man wieder draußen  spielen oder  fahren. Wenn es so richtig heiß ist, schmeckt ein kaltes  besonders gut.

Im Herbst

Im Herbst ist der Himmel voll grauer  und  fällt vom Himmel. Die  an den Bäumen färben sich bunt. Wenn der Wind weht, kann man auf den abgemähten Feldern einen  steigen lassen.

Im Winter

Der Winter bringt  und Eis und es wird kalt. Draußen kann man einen  bauen oder mit dem  den Berg hinunterfahren. An Weihnachten bringt der Weihnachtsmann viele schöne .

Bildkärtchen Reimwörter

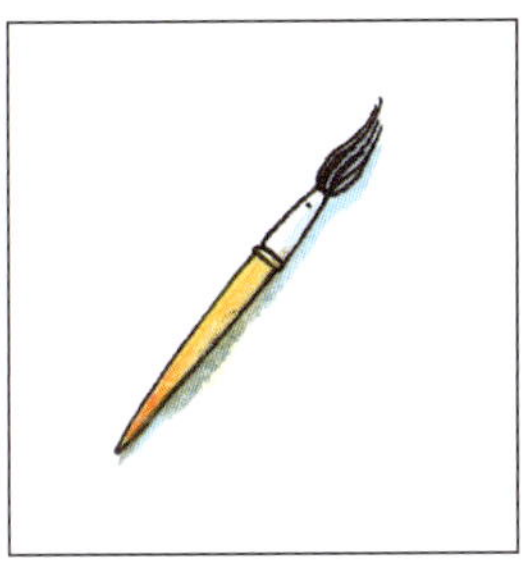

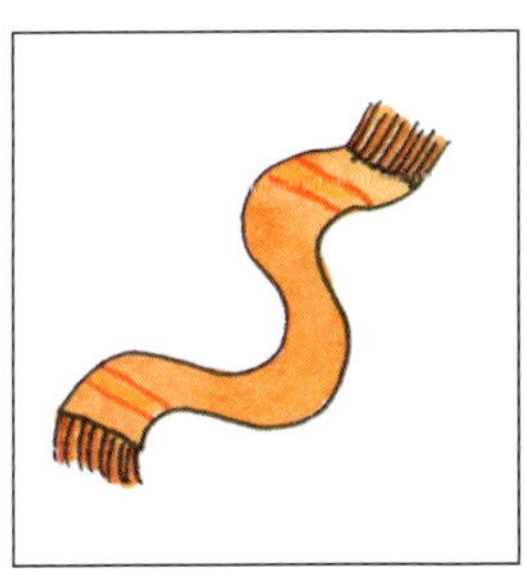

Spieleverzeichnis